Ludwig Burgdörfer

Menschenkinder

Gesamtherstellung: Verlagshaus Speyer GmbH
www.verlagshaus-speyer.de
Druck: Ninodruck GmbH

ISBN 978-3-947534-16-6

Menschenkinder

Gute Leute zu allen Zeiten

Erinnerungen
von
Ludwig Burgdörfer

Verlagshaus
Speyer GmbH

Dieses Buch ist meinen
guten Schwiegerleuten
Günter und Evi Schäfer
in Pirmasens
dankbar
gewidmet.

Inhaltsverzeichnis

Vorwort 7

Prost Neujahr! 10
Der alte Jakob und seine Frau 13
Auf dem Berg 17
Die Bäckersfrau 20
Onkel Oskar zu Besuch 23
Tante Guste 26
Spielend lernen 29
Traktor fahren 32
Winter-Wetter 35
Gräber gießen 38
Mit dürfen 40
Sackfest mit Onkel Otto 42
Kirschenzeit im Sand 44
Bibelstunde 48
Dach überm Kopf 52
Die alte Frau und das Butterbrot 54
Mein erster Lehrer 56
Meine Lehrerin tanzt mit mir 60
Meine Klavierlehrerin 63
Die Gastarbeiter 66
Hagelschlag und Flurbereinigung 68
Namensschilder 73
Latein ante portas! 76
Bier und Bonhoeffer (Im Dunkeltälchen 65) 79
Geburtstag 82
Meine Konfirmation 85
Schule ist auch Leben 88
Keine bösen Onkels 90
Große Ferien – kleine Fluchten 95
Reise, Aufbruch, neue Welten 98
Der kleine Professor 106
Oma wartet mit dem Sterben 109

Semesterferien 112
Predigtlast und Kanzelglück 115
Mein Mentor 123
Liebes Gesicht 126
Mein Doktorvater 129
Primus inter pares 134
Fromm und politisch 138
Postbus 141
Hausbesuch und Straßenfest 145
Allein im Zimmer 149
Engel gibt's 152
Hans 155
Vom lebenslangen Anfangen 160

Dank 163
Nachwort 164

Vorwort

Je älter ich werde, umso deutlicher spüre ich, dass es ganz viele Menschen gewesen sind, die mich geprägt und beeindruckt haben.
Neben Ereignissen und gesellschaftlichen Entwicklungen, sind es einzelne Personen, die wesentlich Einfluss genommen haben auf meinen Werdegang.
In den letzten Jahren tauchen immer mehr Gesichter vor meinem inneren Auge auf. Aus früher Kindheit, aus der Schul- und Internatszeit, aus Studientagen und quer durch alle Jahrzehnte bis heute.

Ich spüre deutlich:
Ich bin das Kind von vielen Menschen.
Ich bin ein Menschenkind.
Da sind nicht nur die Eltern, Großeltern und Geschwister. Da sind von Anfang an auch Nachbarn, Verwandte, Zeitgenossen. Mir kommt allerhand Personal in den Sinn, das mich als Person begleitet hat.
Klar ist:
Wir gehen nicht einfach unseren Lebensweg entlang und treffen alle möglichen Entscheidungen ganz alleine. Wir verdanken uns. Wir sind geführt, geprägt, geschickt, gestützt immerzu. Wir haben eben nicht nur Erfahrungen gesammelt, sondern auch Menschen.
Was aus uns geworden ist und noch werden wird, das ist nicht nur das Ergebnis einer bloßen Selbstinszenierung, sondern eben auch das Resultat aus Nähe und Begegnungen mit Menschen, die uns an verschiedenen Orten, zu unterschiedlichen Zeiten und Anlässen ganz entscheidend oder nur im Vorübergehen auf sich aufmerksam gemacht haben. Und zwar mit ihrer Art und Weise zu sein, zu leben, zu arbeiten, zu argumentieren, mit Gott und der Welt umzugehen.

Damit haben sie uns angezogen, oder abgeschreckt, erzogen und ausgebildet, angeleitet und gelehrt.
Da haben wir alle vermutlich unsere ganz eigenen Vorfahren und Vorbilder. Wir sind schließlich alle Nachkommen, denen zuvorgekommen worden ist. Wir sind nicht nur die eigenen Erfinder unserer selbst.
Unser Lebensweg ist nicht einfach ein Ergebnis der Selbstverwirklichung, es war und ist und bleibt immer noch ein Ereignis der Prägungen und Einflüsse durch Andere.
Das macht uns ja auch erst zu sozialen Wesen, dass wir Menschenkinder sind.
Und das bedeutet eben lebenslange Begegnung und Auseinandersetzung mit denen, die unseren Weg gekreuzt, begleitet, punktuell berührt oder langsam und langjährig gecoacht haben und es noch tun.
Unsere Biografie ist voller Personal Trainer, reich an Altvorderen, die uns gefordert und gefördert haben, deren Erfahrungen uns geschützt und gestützt haben, manchmal behindert, oft aber eher beeindruckt und für die Zukunft fit gemacht haben.
Viele, ja die Meisten sind schon gegangen. Auch da haben sie uns wieder was voraus. Sie sind schon im neuen Zuhause, bis wir nach kommen.
Gott sei Dank haben wir alle solche Weggefährtenschaften im Gepäck. Lauter Leute, die uns vorangegangen sind, vor langer Zeit und bis heute.
Meine Lebensmenschen sind erst einmal nur meine. Das weiß ich. Einige tauchen in diesem Buch auf. Andere sind nur in meinem Herzen.
Sie, liebe Leserinnen und liebe Leser, haben Ihre ganz eigenen Bezugspersonen in Ihrem eigenen ganz persönlichen Album gesammelt. Vielleicht werden Sie sich beim Blättern und Lesen dieses Buches auch als Menschenkinder entdecken und sich von meinen Episoden und Erinnerungen dazu anregen lassen, im eigenen Archiv zu blättern.

Ich bin sicher, dass Sie alle dabei fündig werden können und auf Erinnerungen an die Menschen stoßen, die SIE geprägt haben fürs ganze Leben.
Insofern hoffe ich sehr, dass alle Menschenkinder, die zu diesem Buch greifen, auch an der einen oder anderen Stelle selber darin vorkommen.
Ich wünsche Ihnen beim eigenen Entdecken viel Freude – und Dankbarkeit.

Ihr
Menschenkind
Ludwig Burgdörfer

Landau in der Pfalz, im Januar 2021

Prost Neujahr!

Es ist ein Ritual gewesen. Eine immer gleiche Übung.
Am Neujahrstag sind wir durchs Dorf gezogen und haben den Leuten ein gutes Neues Jahr gewünscht. Wir waren ausgestattet mit einem kleinen Schießgewehr und jeder Menge Pulverblättchen, später dann mit Chinakrachern.
Damit haben wir vor der Haustür, im Treppenhaus, im Flur geschossen, also einigermaßen unverschämt auf uns aufmerksam gemacht und dann gewartet, bis eine Tür aufgeht. Davon konnte man getrost ausgehen, weil die Leute uns ja erwartet haben.
Und dann haben wir unseren Spruch aufgesagt. Der ging in der Regel so: (Achtung jetzt kommt Nordpfälzer Geheimsproch!) „Prost Neijohr! E Brezzel wie e Scheierdoor! E Kuche wie e Oofeblatt. Do wer mer allminonner satt!"
Mit dem Spruch war sozusagen der allgemein anerkannte Code zum Erwerb der Eintrittskarte geliefert und die Gastgeber haben uns herein gebeten, in die gute Stube geführt, stolz den Weihnachtsbaum präsentiert, dem gegenüber wir eine ordentliche Portion Lobhudelei schuldig gewesen sind.
Jetzt hat sich in Variationen überall das Gleiche abgespielt: Es gab Weihnachtsplätzchen (Ich habe immer nach Spritzgebackenem gesucht) und als Belohnung für den enormen Aufwand als Neujahrsbotschafter ein paar Pfennige.
Ich bin in der Regel in etwa acht Häusern gewesen. Manche habe ich nur an diesem ersten Tag des Jahres betreten. In anderen war ich fast zuhause. Gemeinsam war allen: Lauter alte Leute.
Es ist vor allem die Großelterngeneration gewesen, die ich da manchmal allein, manchmal mit den Geschwistern,

quasi in Vertretung der Familie als bewaffnete Grußbotschaft auf zwei Beinen, abgeklappert habe.
Nachbarschaft, Onkel und Tanten, Oma und Opa und meinen Petter, also meinen Patenonkel in der Hauptstraße. Manchmal sind noch Häuser dabei gewesen, in denen Schulfreunde wohnten.
Das Ganze hat tatsächlich ohne vorherige Terminvereinbarungen und irgendwelche Absprachen stattgefunden. Hoftore und Haustüren standen offen. Das Betreten war ausdrücklich erlaubt. Entweder schon am Vormittag zwischen 10 und 12, meistens aber am Nachmittag zwischen 14 und 16 Uhr.
Das Neue Jahr „an-wünschen" – Ehrensache.
Wenn das afrikanische Sprichwort stimmt, dass nämlich zur Erziehung eines Kindes ein ganzes Dorf gebraucht wird, dann ist es bereits am ersten Tag jeden Jahres geradezu vorbildlich erprobt und bestätigt worden. Denn bei diesem Neujahrsparcours haben wir Kinder sozusagen eine Grundausbildung in Sachen Höflichkeit und Anstand gemacht.

Wir haben Dank dieses im Kalender fest eingeplanten Rituals die Kompetenz erworben, wie das geht, wenn man begrüßt, was wünscht, Gast ist, sich beschenken lässt, Auskunft gibt über jede Menge Betriebsgeheimnisse, also brav Fragen beantwortet hat wie:
„Wie alt bist du jetzt schon?" „Warst du schon immer so pummelig?" „Habt ihrs gut angefangen?" „Wart ihr im Bett oder aufgeblieben?" „Habt ihr viel geschossen um 12?" „Was gabs zu essen?" „Sind alle noch gesund?" „Stimmt's, dass ihr jetzt ein Klo mit Wasserspülung im

Haus habt?“ „Geht’s der Oma besser?“ „Und wie klappt es in der Schule?“

So sind wir als mobile Pressekonferenz von Haus zu Haus und haben trainiert, wie man zu den Leuten kommt, kurz bleibt und dann wieder geht. Und sich natürlich dreimal bedankt. Der Neujahrstag ist immer der Tag der offenen Türen gewesen und die als Laufmasche stattfindende Liebenswürdigkeit.

Und die alten Leute waren dankbar, ja geradezu überwältigt von so viel Hausbesuch.

Und wenn dann welche im Laufe des Jahres verstorben sind, dann ist uns das spätestens am nächsten ersten Januar aufgefallen.

Es war wie Abzählen, ob noch alle da sind. Und am Abend waren wir müde und satt und zählten die Pfennige aus der Hosentasche.

Ich kann bis heute im Geiste durch die Straßen meines Heimatortes gehen, „Prost Neijohr!“ sagen. Und ich sehe sie alle vor mir, viele alte Zeiten und so viele gute Leute …

Der alte Jakob und seine Frau

Sie waren miteinander alt geworden.
Kinder hatten sie keine. Arbeit immer genug. Mehr als genug. Die Landwirtschaft war ihr Leben. Stall und Scheune waren groß gebaut. Das Häuschen, indem sie wohnten, klein. Sehr klein.
Bescheidenheit war ihnen in Fleisch und Blut übergegangen. Aus der Not war Tugend geworden. Wie bei den meisten, die zwei Kriege, Gefangenschaft, Entbehrung hinter sich hatten.
Als die Kräfte nachließen, haben sie das Vieh verkauft, Stall und Scheune verpachtet und sich zurückgezogen.
Manchmal, wenn bei uns auf dem Hof „Not am Mann“ war, sind sie mitgekommen, zum Rüben hacken oder zum Kartoffel lesen.

Jeden Abend haben sie ein Kännchen Milch bei uns bekommen. Sie haben's selber abgeholt, oder ich wurde zu ihnen geschickt. Es war nur „ein Sprung“, haben meine Leute gesagt.
Er hieß Jakob und hat mich als kleinen Knirps immer mit in den Wald genommen. Da war ich gerade mal fünf Jahre alt. Wir gingen meist in den Betzenberg, den gemeindeeigenen Wald.
Zuerst hat er mir immer einen Stock gesucht. Einen großen langen für sich und einen kleinen kurzen für mich. Damit sind wir dann trittsicher und konzentriert marschiert.
Sinn und Ziel unserer Expedition war es, Reißig zu suchen und zu finden, das zuhause jeden Morgen zum Feueranmachen gebraucht wurde. Er hat es gebündelt und dann den Stock so reingesteckt, dass man das Bündel

locker auf die Schulter nehmen konnte, um es heimzutragen.
Triumphal sind wir nach Hause geschritten, wohlwissend dass unsere Lieferung maßgeblich den Fortbestand des häuslichen Lebens sichern wird. Auf diese Weise habe ich schon früh dazu beigetragen, dass unser Vater jeden Morgen das nötige Material zum Entzünden des Feuers im Küchenherd vorfand.
Denn zu Hause habe ich das Bündel geöffnet, das Ganze in kleine Portionen im Keller zerteilt, wiederum zusammengebunden, um dann jeweils am Abend eines davon in der Holzkiste neben dem Herd zu deponieren. Ergänzend dazu kamen noch ein Strohwisch und genügend Kleinholz.
Für diese wesentliche Energiezufuhr bin ich also zuständig gewesen. Und das war ausschließlich dem alten Jakob zu verdanken.
Es ist demnach kein Wunder, dass ich später als Schulkind neben dem großen Bollerofen meinen Platz fand und ehrenamtlich für das Nachlegen von Holz zuständig war.

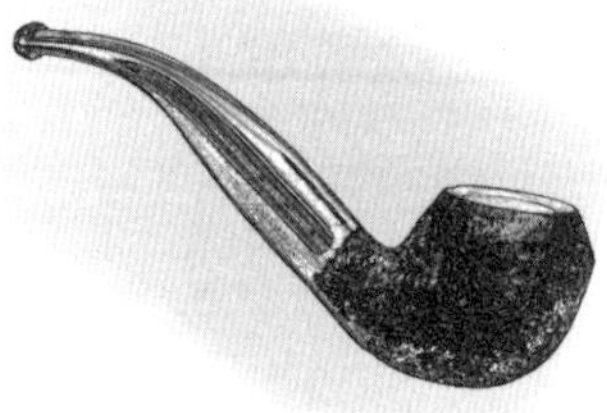

Man hat mir offenbar gleich mein früh erworbenes Schür-Talent angesehen. Und Feuer mache ich bis heute in unserem Kaminofen für mein Leben gern.
Der alte Jakob saß ansonsten meistens in seiner Küche im Sessel und rauchte Pfeife. Manchmal hatte er sie auch einfach nur im Mundwinkel hängen ohne Tabak und Feuer, einfach so.
Er ist der erste Mensch gewesen, den ich habe rauchen sehen. Und es hat mich enorm beeindruckt. Der ganze Qualm, der Geruch, das ganze Drum und Dran mit Pfeife und Stopfer und Streichhölzern. Großartig.

Ich muss dem alten Jakob offenbar so dermaßen staunend beim Pfeife rauchen zugeguckt haben, dass er eines Tages von einer Busfahrt in die Stadt eine kleine Pfeife aus Plastik für mich mitgebracht hat.
Die hat er dann in meinem Beisein tatsächlich gestopft und mir überreicht. Mir ist gar nicht gleich aufgefallen, dass es bei mir nicht so qualmt und stinkt, aber ich bin so außerordentlich stolz und beeindruckt gewesen, dass ich völlig ohne Feuer ausgekommen bin.
Natürlich ist das unser Geheimnis gewesen. Meine Pfeife ist immer bei seiner gelegen. Ich habe sie nie mit nach Hause genommen.
Mein alter Raucherfreund hat wohl schon mit einem Imageproblem gerechnet, wenn ich von ihm einem derart schädlichen Einfluss ausgesetzt werde. Also behielten wir die Sache für uns.
Es kann kein Zufall sein, dass ich später als Student mir meine erste, nein zweite Pfeife gekauft und bis vor wenigen Jahren noch ein Genuss-Pfeifen-Raucher gewesen bin. Früh übt sich …
Der alte Jakob ist dann bald gestorben. Noch ehe ich in die Schule kam. Mein Vater hat ihn begleitet. Für mich war es die erste Erfahrung mit dem Tod. Und ich habe den alten Jakob nie vergessen.
Er war für mich der erste große Freund, dem ich außerhalb der Familie völlig zugewandt gewesen bin und der mich wie sein Eigenes angesehen und geliebt hat.
Seine Frau Christine hat noch lange alleine gelebt. Sie war Schneiderin von Beruf und ich erinnere mich, dass ich bei ihr mit Strümpfen auf dem Küchentisch stand, während sie mir die neue Hose in der richtigen Länge abgesteckt hat.
Beeindruckt hat mich immer besonders, dass sie abends, wenn ich ihr das Milchkännchen brachte, in ihrer Küche im Dunkeln vor dem offenen Küchenherd saß und sich

mit dem kleinen Schimmer des Feuers begnügte, um Strom zu sparen.

Ich habe sie bis zu ihrem Tod oft besucht, als ich schon aus dem Haus und im Internat des Aufbaugymnasiums gewesen bin. Sie wollte immer von mir wissen, was ich gerade mache in der Schule und wenn ich ihr dann offenherzig erzählt habe, kam von ihr immer mein Kosename zum Schluss.

Sie ist die Einzige gewesen und geblieben, die mir je einen solchen verpasst hat. Sie hat immer „Ludche" zu mir gesagt.

Es ist mir bis heute im Ohr. Und ich höre darauf. Aber nur, wenn sie es sagt.

Auf dem Berg

Ein zweiter Wohnsitz ist von Vorteil. Der Meinung bin ich schon seit ich ein kleiner Junge war.

Die Möglichkeit, unter gewissen Umständen woanders hin ausweichen zu können und Unterschlupf unter entschärften Bedingungen zu finden, hat ungemeine Vorteile. Und sei es nur, dass ich zu Hause„aus de Fieß“ gewesen bin.

Mein zweiter Wohnsitz war „Auf dem Berg“. Dort wohnten meine Großeltern mütterlicherseits und mein Onkel Otto, Mamas unverheirateter Bruder. Sie trieben Landwirtschaft wie wir auch und vieles wurde zusammen gemacht. Aber es sind doch zwei getrennte Hoheitsgebiete gewesen. Und das fand ich wunderbar.

Die Großeltern bekommen ja mit ihren Enkeln immer nochmal einen zweiten Versuch, den Umgang mit dem Nachwuchs kompetent zu erproben. Und sind sie selber womöglich strenge und überaus beschäftigte Ersttäter gewesen, so bietet sich für sie mit dem Kommen der Enkelgeneration die komfortable Gelegenheit, alles jetzt einfach anders zu machen. Und davon habe ich womöglich enorm profitiert.

Auf dem Berg gab es Dinge, die zuhause am Weiherdamm undenkbar gewesen wären. Meine Oma hatte zum Beispiel im Kolonialwarenladen des Dorfes die Maggi-Tütensuppe entdeckt und ausprobiert. Alle sind begeistert gewesen. Mein Opa schwärmte von dieser neuen Delikatesse und nannte sie „ein Süppchen wie Öl!“

Was auch immer er damit gemeint hat, ich wurde auf dem Berg zum Suppenkasper. Zuhause löffelte ich immer in meinem Suppenteller so lange herum, bis sie kalt war und außerdem in der Zwischenzeit nicht etwa weniger, sondern eher mehr geworden ist. Und da es die strenge Regel gab, dass der Teller leer gegessen werden muss, bin

ich zu Hause schon oft über den ersten Gang nicht hinausgekommen.
Auf dem Berg war das anders. Da habe ich sogar noch einen zweiten Teller gewollt. Bis heute mag ich salzige Suppen als Einziger in der Familie.
Und dann die Süßigkeiten. Ich durfte mir beim Einkaufen oft einen Lutscher aussuchen. Auch das undenkbar im Elternhaus. Schokolade gab es, Orangen, und es war mir ab und an sogar erlaubt, an den neuerdings im Dorf aufgehängten Kaugummiautomaten etwas rauszukurbeln, was zugegebener Maßen ziemlich ungenießbar aber aufregend gewesen ist.
Die alten Automaten hängen übrigens bis heute noch im Dorf. Womöglich mit dem Rest dessen, was ich damals drinnen gelassen habe.
Und dann das ansonsten völlig unbekannte Sponsoring. Auf dem Berg gab es Kerwegeld (5 Mark!) Und einen Zuschuss für das Kaltgetränk beim Schulausflug. Ohne meinen Zweitwohnsitz wäre ich verkümmert zuhause.
Der Onkel Otto kam dann ja noch als Zugabe dazu. Er nahm mich nämlich immer wieder sonntags mit zum Göllheimer Häuschen oder auf den Pfrimmerhof.
Das sind zwei relativ nahegelegene Ausflugsziele gewesen, die es bis heute gibt. Bis dorthin musste man als kleiner Mann schon durchaus marschieren können, aber das war kein Problem, weil immer in Aussicht stand, dass die Strapaze am Ziel mit Limonade und Salzstängelchen belohnt wird. So was gab's zu Hause nicht.
Hinzu kam meine von Opa höchstselbst überwachte Grundausbildung in der Stallarbeit. Er brachte mir die Stallknechtbasics bei: Das einwandfreie Kehren des Stall-

ganges zum Beispiel und das anschließende Abstellen des Arbeitsgerätes an der Wand. Bis heute kann ich an keinem Besen vorbeigehen, der unsachgemäß sprich falsch herum da steht. (Wer Näheres erfahren will, kann gerne meine Fachkenntnisse in dieser Disziplin abfragen.)
Ich lernte von ihm das Ausmisten der Ställe, das Füttern der Kühe, das Häckseln der Rüben, das Einstreuen des Strohes, das Lenken des Pferdes und das Genießen der leckeren Hausmacherwurst.
Auf dem Berg ist meine Oase gewesen, bis der Opa gestorben ist. Sein Tod ist der erste schwere Trauerfall meines Lebens. Danach war es Auf dem Berg nicht mehr so wie zuvor.
Und doch habe ich nie vergessen, wie sich Geborgenheit anfühlt, erstrecht wenn man zwei davon hat.

Die Bäckersfrau

Früher waren die alten Leute nicht zu übersehen. Man konnte sie deutlich erkennen. Von weitem schon.
Ihre Rücken waren nämlich gebeugt von der harten körperlichen Arbeit. Sie hatten wenig Zähne und waren viel faltiger.
Das Bedürfnis, alt zu werden ohne älter auszusehen, ist in früheren Zeiten noch nicht so ausgeprägt gewesen wie heute. Mit 60 Jahren haben die meisten schon erschöpft und vom Leben gezeichnet als wirklich alt gewirkt. Heute sind viele bis in hohe Alter mit über 80 Jahren mitunter noch beweglicher und aktiver als unsere alten Alten der Großelterngeneration.
Die mangelnde Krankenvorsorge, die nachlässige Aufmerksamkeit für die Signale des Körpers, die schwere Arbeit und die zum Teil entbehrungsreiche Ernährung trugen ihr Übriges zu diesem ehrlichen Befund bei.
Mein Großvater Auf dem Berg ist am Ende seines Lebens einmal beim Arzt gewesen, um sich dort sagen zu lassen, dass er jetzt bald sterben wird. Dann ist er wieder nach Hause gegangen und hat sich auf seinen letzten Weg konzentriert, den er dann ohne Klage zu gehen bereit war.
Im Dorf meiner Kindheit sind die alten Menschen ein integraler Bestandteil des Alltags gewesen. Sie waren selbstverständlich in die jeweiligen Arbeitsprozesse der Familien eingebunden, taten was sie noch konnten bis zum Schluss.
Und selbst wenn sie nicht mehr mit anzupacken im Stande waren, sind sie mit ihrem Rat und mitunter auch mit ihrer ungebrochenen Macht präsent geblieben und haben das Heft des Handelns nur ungern aus der Hand gegeben.
In meiner Erinnerung ist mir das Bild einer alten Frau sehr lebendig vor Augen, weil sie wirklich eine so impo-

sante Erscheinung gewesen ist, die ich zudem auch fast täglich gesehen habe. Es ist die alte Bäckersfrau gewesen. Sie stand Tag für Tag im Laden und hat uns das Brot verkauft, das wir mit der eigens dafür bereitgehaltenen Brottasche nach Hause getragen haben. Unser täglich Brot.
Der Brotkauf ist damals in einer besonderen Eigenart vonstattengegangen. Die Bauern haben nämlich dem Bäcker im Sommer nach der Ernte Getreide geliefert. Jeder Haushalt hatte ein Brotbuch, das in der eben genannten Brottasche aufbewahrt immer zur Hand war. Und dahinein hat die Bäckersfrau dann immer das Datum und die Menge des abgeholten Brotes eingetragen.
Am Ende des Jahres wurde abgerechnet. Bar bezahlen mussten wir nur den Lohn für das Backen. Das sind für ein Roggenbrot 30 Pfennige gewesen.
Die Menge des Brotes wurde am Ende des Jahres dem an den Bäckermeister abgegebenen Brotbuch entnommen. Danach wurde verrechnet und für das neue Jahr die entsprechende Menge des zu liefernden Getreides ermittelt.
Das ist ein bargeldloser, völlig unkomplizierter Tauschhandel gewesen, der sich total bewährt hat.
Die alte Bäckersfrau war von der Last der Arbeiten in Stall, Feld, Hof und Backstube so dermaßen vornübergebeugt, dass man ihr Gesicht nicht sehen konnte.
Früh war sie schon Witwe geworden. Ich weiß noch, dass sie immer mehrere Schürzen übereinandergetragen hat

und ihre Geldbörse war nicht in der ersten, sondern in einer der unteren versteckt. Einen Moment von ihrem kleinen Gesicht sah man immer nur dann, wenn sie mit Bleistift den Einkauf ins Brotbuch eingetragen hat und sich dabei am Tresen abstützte und mühsam aufrichtete. Ansonsten war ihr Kopf so nach vornübergebeugt, dass man nur auf ihr stets korrekt aufgesetztes Kopftuch blicken konnte.
Sie hatte sich die Kreuzschmerzen hart erarbeitet. In zwei Kriegen hat sie den ganzen Betrieb alleine meistern müssen, immer mit schwerer Last auf Körper und Seele beladen.
Beschwert aber hat sie sich nicht. Nicht so jedenfalls, dass wir sie hätten bedauern müssen.
Freundlich war ihre Stimme, unaufdringlich und herzlich hat sie uns Schulkindern in der Pause einen warmen Weck und ein 5 Pfennig Schokoladenrippchen verkauft.
Und wenn sie mehrere Waren zusammen gerechnet hat, dann ohne Rechenmaschine, nur mit dem Kopf oder höchstens mit Bleistift und Zettel. Und oft hat sie uns noch ein kleines Bonbon wortlos auf die Theke gelegt und wir haben uns artig bedankt.

Ob sie dann dabei auch ein wenig gelächelt hat, das hätte ich immer gerne gesehen. Ich glaube aber, sie hat es getan. Ganz für sich allein.
Bei Gott wird sie aufrecht gehen. Da bin ich sicher. Und mir endlich ihr strahlendes Gesicht zeigen, wenn wir uns wiedersehen. Dann allerdings ohne Brottasche, aber mit himmlischem Vergnügen.

Onkel Oskar zu Besuch

Der Onkel Oskar kam immer an Ostern. Das war schon Tradition. Das heißt, er kam nicht von selbst, sondern mein Vater hat ihn und seine Frau immer am Ostermontag gegen 11 Uhr abgeholt.
Wir hatten damals einen alten VW Käfer. Unser erstes Auto. Schwarz. Ein gebrauchtes natürlich. Aber man wusste ja, dass der läuft und läuft und läuft...
Ich muss etwa sechs Jahre alt gewesen sein, als ich zu Ostern mein erstes weißes Hemd bekommen habe. Kleider machen bekanntlich Leute. Und an dem Tag schickte ich mich an, endlich auch Leute zu sein. Ein echtes Männerhemd, wie es die Großen trugen am Feiertag. Ich fühlte mich geadelt.
Ich spürte geradezu einen Wachstumsschub und bin an diesem Tag ganz gewiss auch über mich hinausgewachsen. Obwohl es bitter kalt gewesen ist an jenem Ostermontag, habe ich mich strikt geweigert, einen warmen Pullover drüber zuziehen, weil dann nämlich das gerade erworbene weiße Hemd ja gar nicht mehr richtig zu sehen gewesen wäre.
Und diesen Rückfall in endlich überwundene Kinderei wollte und konnte ich mir nicht leisten.
Beim obligatorischen Rundgang der Männer durch Garten, Hof und Stall war ich selbstverständlich mit dabei. Als Einziger nur im weißen Hemd. Ich habe gefroren wie ein Schneider, es mir aber nicht anmerken lassen. Das war perfekt. Ich war stolz wie Oskar!
Die Frauen haben derweil in der Küche letzte Hand angelegt, den Tisch gedeckt, die obligatorische Markklöschensuppe mit Muskat abgeschmeckt und dabei offen geredet über das, was sie den Rest des Tages im Beisein ihrer Männer würden nicht mehr ansprechen dürfen.

Nach dem Mittagessen, bei dem die Kochkunst meiner Mutter an dem butterzarten Bratenfleisch, dem köstlichen Rotkraut und den vorzüglichen Kartoffeln absolut erfolgreich zur Geltung kam und auch gelobt wurde, brach die ganze Mannschaft zu einem Rundgang durch die Gemarkung auf.

Weit sind wir da nie gekommen, weil die Männer immer wieder lange stehen blieben und um Einigung gerungen haben, wie man mit der leidigen Flurbereinigung und den immer mehr sinkenden Milchpreisen umzugehen gedächte.

Da es auch nicht gerade warm und gemütlich war draußen, war man sich zumindest bald darin einig, dass der Kaffee und der Kuchen nicht länger warten sollten.

Der Tag war dann im Nu vorbei und Onkel und Tante mussten wieder zurückgebracht werden, weil jetzt die Stallarbeit rief, bzw. die Kühe im Stall deutlich zu verstehen gaben, dass sie endlich gemolken werden wollten.

An diesem Tag durfte ich tatsächlich mitfahren und saß hinten bei der Tante, als es schon anfing dunkel zu werden. Auf der Fahrt nach Hause mit meinem Vater alleine im Auto ist es dann tatsächlich passiert.

Direkt am Ortseingang, es hatte inzwischen angefangen zu regnen und sackedunkel (übersetzt: die größte anzunehmende Finsternis) war es jetzt ja auch, da stand nach einer Kurve direkt ein Mann auf der Straße.

Wir sind zum Glück sehr langsam unterwegs gewesen, sodass er einfach auf die Haube gefallen und sich nur am Kopf leicht verletzt hatte. Trotzdem musste Polizei gerufen und der Verletzte verarztet werden. Also hat mich mein Vater nach Hause geschickt, um auszurichten, was

wir gerade angerichtet hatten. Ich war sehr aufgeregt und rannte so schnell ich konnte, um unseren Leuten, die inzwischen natürlich schon im Stall angefangen hatten, Bericht zu erstatten.
Am Ende des Tages war mein neues weißes Hemd ziemlich nass. Der ganze Stolz war verblasst, weil der erste Unfall meines Lebens und die „weiße Weste“ sich einfach nicht vertragen wollten.
Dass der Ernst des Lebens mit dem erstmaligen Anziehen eines Männerhemdes unmittelbar einhergehen würde, das hätte ich nicht gedacht.
Geblieben ist mir bis heute beim Anziehen eines weißen Hemdes die Erinnerung an den Onkel Oskar, mit dem die ganze Modenschau begann.

Tante Guste

Der Onkel Oskar ist an einem plötzlichen Herztod gestorben. Und jetzt war seine Frau alleine im Haus. Ab und zu war sie bei uns für ein paar Tage zu Besuch. Das hat sie genossen, weil wir bereits einen Fernseher hatten. Sie nicht.
Und ich sehe sie vor mir am Samstagabend, wie sie bei uns im Wohnzimmer sitzt und feuchte Augen hat, weil Heintje gerade Mama so herzzerreißend singt, dass es schier nicht auszuhalten ist. Peter Frankenfeld moderiert, wir sind alle frisch gebadet, und die Tante ist zu Besuch.
In den Ferien haben sie mich dann manchmal an die Tante ausgeliehen. Zum Trösten. Darin habe ich schon sehr früh Erfahrungen gesammelt. Diese Dienstleistung hatte Vor- und Nachteile.
Nachteile waren:
Es war langweilig, den ganzen Tag nur da zu sein und kaum vor die Tür zu kommen. Das Trösten fand nämlich in der Regel zu Hause statt.
Die Tante ist sehr früh ins Bett gegangen und ich also auch. Ich durfte in Onkel Oskars Bett schlafen und das meist länger als meine Müdigkeit dafür ausgereicht hätte.
Das Klo war draußen im Hof. Und das auch Nachts.
Und ich musste immer sehr viel essen, weil die Liebe bekanntlich durch den Magen geht, und das kann nicht gut gehen.
Die Vorteile aber haben bei Weitem überwogen. Es gab zum Frühstück frische Brötchen. Das hatte ich bis dahin nicht gekannt. Die Tante hat mich ganz in Ruhe gelassen. Wir sprachen am Tag nur wenige Sätze.
Ansonsten war es einfach still. Mein Trösten leistete ich nonverbal mit meiner bloßen Anwesenheit.
Heute weiß ich, dass das schon ziemlich professionelle Seelsorge war. Trauernde brauchen nämlich gar nicht so

viel Geschwätz, wie die Tröster manchmal herbeischaufeln.
Das Beste aber war der Plattenspieler. Das war für mich die Entdeckung. Bei uns zu Hause gab es weder eine Schallplatte noch einen dafür notwendigen Plattenspieler. Aber der Onkel und die Tante waren große Blasmusik- und Volksliederfans und hatten eine stolze Plattensammlung in einem Musikschrank. Da konnte man eine bestimme Anzahl von Platten per Knopfdruck „bestellen“ und die wurden dann nacheinander abgespielt. Dieses Zaubergerät hat sich mit einer Art Roboterarm nacheinander die Platten geholt, aufgelegt und nach dem Abspielen wieder zurück sortiert.
Hören konnten wir alles in der Küche. Dort war ein Lautsprecher an der Wand. Das Wohnzimmer war als gute Stube unbewohnt. Ich betrat es immer nur, um die nächste Plattensammlung zu ordern.
Für dieses Spektakulum nahm ich die Musik selber billigend in Kauf. Die Egerländer sind mir nie zu nahe gekommen, aber ich kannte damals auch noch keine Musik, die ich meine hätte nennen können.
Natürlich durfte ich die Beschallung auch nicht übertreiben, weil die Tante eben noch so arg traurig war und eigentlich keine Musik hören wollte.
Schließlich haben sich die Leute früher an Trauerregeln festgehalten. Dazu gehörte fraglos, dass keine Musik gehört oder gemacht wurde, man schwarze Kleider trug und sogar im Gottesdienst am Sonntag nicht mitgesungen hat.
Andererseits war das, was ich da abspielen ließ, ja die Musik ihres gemeinsamen Lebens mit ihrem Mann. Es ist der Soundtrack ihres Lebensweges gewesen. Schön und schwer zugleich.

Das gibt es ja oft bei traurigen Leuten, dass ihnen etwas im gleichen Moment gut und wehtun kann.
Das ist auch mit den Bilderalben so gewesen, die sie mit mir auf dem Küchentisch geblättert hat. Sie konnte es kaum ertragen, sie zu sehen, erlag aber immer wieder der magischen Anziehungskraft dieser gespeicherten Lebenszeichen mit guten und schlechten Zeiten.
Nach so einer Woche Tante-Quarantäne war ich immer schwer resozialisierbar und kam zu meinen Eltern als stinkfaule und übergewichtige Zumutung zurück.
Aber ich konnte auch wieder gut auf Frühstücksbrötchen und Blasmusik verzichten. Alleine schon deshalb, weil es zu Hause keinen Plumpsklo mehr gab.
Dass die Begleitung von trauernden Menschen einmal meine größte Lebensaufgabe werden würde, das habe ich damals noch nicht geahnt. Aber die Ausbildung hat tatsächlich schon mit Tante Guste begonnen.

Spielend lernen

Irgendwas ist immer – kaputt.
Auf einem Bauernhof hat man am besten einen Landmaschinenmechaniker vor Ort. Zum Glück konnten sich mein Vater und vor allem mein Bruder viel selber helfen. Aber es gab eben auch Reparaturen, die in einer richtigen Werkstatt gemacht werden mussten.
Gefühlt sind wir alle zwei Wochen dort gewesen. Zwei Kilometer weit. Das ist ein kurzer Weg gewesen. Während der Wartezeit haben sich die Männer immer auch viel unterhalten. Und ich werde den Verdacht nicht los, dass es für meinen Vater immer auch durchaus eine willkommene Abwechslung war, von daheim weg zu kommen und in einer anderen Welt zu sein.
Dabei wurde so manches Problem besprochen und manchmal auch eins erfunden. So jedenfalls beratschlagten der Werkstattmann und mein Vater eines Tages eine damals noch ziemlich unbekannten Deal, ein Spielzeug-Sharing.
Und das kam so:

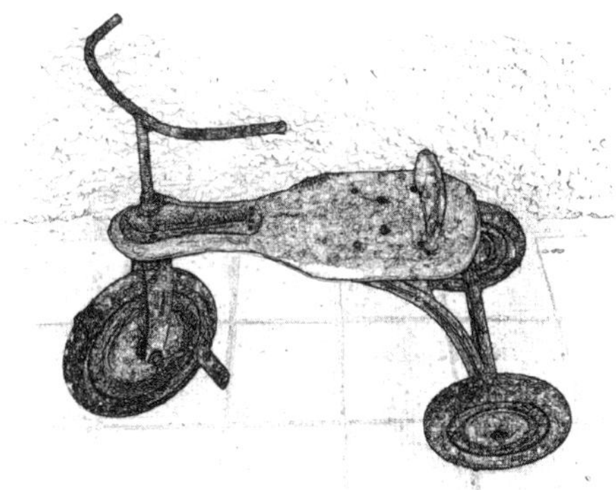

Der Landmaschinenmechaniker hatte einen Sohn, genauso alt wie ich. Und der hatte ein Dreirad. Ich nicht. Ich hatte aber seit meinem letzten Geburtstag einen kleinen Schubkarren. Damit sollte ich wohl nach dem Willen meiner Eltern spielend lernen, wie man mitarbeitet auf dem Hof. Der pädagogische Ansatz von: „Was Hänschen nicht lernt…“
Der kleine Schubkarren hatte aber nach ein paar Wochen irgendwie seinen Reiz verloren. Er stand unbeachtet he-

rum. Jetzt vereinbarten also die beiden Väter einen Tausch auf Zeit.
Und tatsächlich nahmen wir beim nächsten Werkstattbesuch den Schubkarren mit und brachten das Dreirad zu uns auf den Hof.
Es begann eine ganz glückliche Zeit. Ich war selig mit dem Gefährt. Besonders auf dem Betonboden der Scheune rollte es einfach hervorragend. Es ist mein erstes Fahrzeug gewesen, mit dem ich alleine umher gekurvt bin. Allerdings meinte ich in den Blicken meiner Eltern mehr Skepsis als Begeisterung zu entnehmen, wenn sie mich so stundenlang sinnlos im Kreis herumfahren sahen.
Natürlich konnte ich während dieser Vergnügungseinheiten nichts Anständiges arbeiten. Und ich meine, das ist mir auf Dauer etwas übelgenommen worden. Es hat niemand was gesagt. Aber das ist auch nicht nötig gewesen. Es stand so unausgesprochen umso wirksamer im Spielraum.

Und so habe ich nach einer guten Woche doch meinen Schubkarren schmerzlich vermisst. Denn mit dem konnte ich eben auch mitarbeiten, konnte Sand, Heu und Stroh, ja alles Mögliche transportieren.
Das Dreirad war dagegen eben nur just for fun. Reines Vergnügen. Ganz schön zwecklos eben. Für das Bruttosozialprodukt des Hofes völlig irrelevant.
So früh schon habe ich also wohl geahnt, dass wir nicht zum Vergnügen auf der Welt sind. Angeblich.
Darum habe ich mein Lebtag immerzu nach meinem Schubkarren Ausschau gehalten. Wohl wissend, dass es darauf ankommt, etwas zu leisten und zu bewegen. In diesem Geiste aufzuwachsen, heißt auch sich mit dem ab-

sichtslosen Zeitvertreib weniger zu befreunden als mit der Mühe, die selig ist.
Kurzum ich vermisste damals den Schubkarren so dermaßen und war heilfroh, als endlich wieder etwas kaputt gegangen war und wir in die Werkstatt mussten.
Wie sich dann herausstellte, war auch bei meinem Gegenüber die Sehnsucht nach dem bis dahin eher uninteressant gewordenen Rädchen sehr groß geworden, so dass die Rückgabe alle glücklich machte.
Damit war eine wichtige Lektion gelernt, die besagt, dass man etwas, was man hat, erst wirklich wertschätzt, wenn es weg ist.
Immer wenn ich mich heute über etwas Vermisstes freue, wenn ich es wiederfinde, muss ich an diesen Tauschrausch denken. So haben wir alle wohl an den ersten kleinen Dingen Großes erlebt und eingeübt.
Am Modell lernen wir – und seien es ein Schubkarren und drei Räder.

Traktor fahren

Die Faszination war von Anfang an da. Der Traktor auf dem Hof hatte für mich von klein auf eine magische Anziehungskraft. Und es war das Größte, wenn ich mitfahren durfte. Ich erinnere mich an den alten Hanomag, an den neuen Zetor, an den Unimog.
Aus meiner Wahrnehmung waren die Männer, die Traktor fuhren, die wirklich wahren Helden. Ich bewunderte vor allem meinen großen Bruder, wenn der rückwärts mit vollem Ladewagen von der Straße aus in einem Zug, ohne auch nur einmal korrigieren zu müssen, quer durch den Hof bis in die Scheune fuhr, um das Grünfutter abzuladen. Wer so lenken kann, der hat es geschafft, dachte ich.
Deshalb gehört es auch zu den Sternstunden meiner Kindheit, wenn ich tatsächlich selber Traktor fahren durfte und man mir zugetraut hat, dieser hoch anspruchsvollen Anforderung zumindest in kleinen Anfängen zu genügen.
Richtig gewachsen bin ich immer dann, wenn ich selber Traktor fahren durfte. Die Tatsache, das ich nicht besonders groß geworden bin, mag ein Hinweis darauf sein, dass meine Betriebsstunden nur sehr überschaubare Dimensionen angenommen haben. Aber immerhin. Ich bin ein Traktorfahrer, wenn auch nur zwischendurch und nebenbei.
Angefangen hat es mit dem Einstieg ins Ernteteam des Hofes, wenn es um das Einfahren und Heimholen von Heu und Strohballen ging. Da hatte ich nämlich als kleinster Mann den größten Job. So habe ich es empfunden, wenn

ich bei diesem Arbeitseinsatz auf dem Traktor sitzen und vorfahren durfte von einem Heuhaufen zum nächsten.
Die anderen Aufgaben waren nach meiner Erinnerung wie folgt verteilt: Die Frauen trugen die Bündel zusammen, mein starker großer Bruder gabelte sie auf den Wagen, auf dem stand mein Vater und setzte mit architektonischem Know-how die einzelnen Ballen so zusammen, dass das Ganze für eine Heimfahrt über Stock und Stein stabil genug zusammenhielt.
Mir hatte man den 1. Gang eingelegt und aufgetragen, immer auf Kommando die Kupplung langsam kommen zu lassen, so dass Vater nicht vom Wagen fiel oder ins Taumeln geriet, um dann vorsichtig Gas zu geben und zur nächsten Ladestation zu fahren.
Um die Kupplung zu treten, musste ich stehen, weil sonst die Kraft dafür gar nicht gereicht hätte. Das ist eine hoch anspruchsvolle und mit erheblicher Verantwortung für das Gemeinwohl verbundene Spezialistentätigkeit gewesen. Ich wundere mich bis heute über das Vertrauen, das man mir damals schenkte. Diese Aufgabe erfüllte mich mit Stolz.
Den nächsten Schritt auf der nach oben offenen Traktor-Fahrer-Kompetenz folgte dann bei der Kartoffelernte. Da nämlich musste mit dem kleinen Hanomag und der an ihm angehängten Kartoffelhexe eine Reihe nach der anderen durchfahren werden.
Dadurch wurden die Kartoffeln aus der Erde nach oben befördert und zum gemeinsamen Auflesen ausgebreitet. Dazu musste man langsam und mit niedrigem Gas fahren, damit die Kartoffeln nicht zu weit davon flogen. Auch das war eine absolute Spitzenleistung, die man mir tatsächlich zugetraut hat. Ich war geadelt und beim Auflesen so fleißig wie nie.
Dass ich diese Aufgabe unter den Augen von Eltern, Geschwistern und Oma und Opa vorführen durfte, hatte

schon etwas Elitäres. Ich wusste, wenn ich auch nur einen kleinen Fehler mache, bin ich den Job wieder los.
Auf dem Höhepunkt meiner Zugmaschinenausbildung durfte ich schließlich, inzwischen im Besitz des Führerscheins, auch auf der Landstraße mit Anhänger fahren.
Das passierte nicht oft. Aber wenn ich am Samstagnachmittag mit dem Bus aus dem Internat nach Hause kam, lag öfter auf dem Küchentisch ein Zettel, mit dem ich mit dem im Hof stehenden Gefährt zu einem bestimmten Acker bestellt wurde.
Das war dann besonders attraktiv, wenn ich ausnahmsweise Besuch übers Wochenende mit nach Hause bringen durfte und insbesondere dann, wenn der weiblich gewesen ist. Dann bin ich wie der Großgrundbesitzer der Ländereien einhändig und mit fliegendem Haupthaar durch das Dorf gebraust.
Und einmal durfte ich sogar einen Kartoffelanhänger bis zur Kundschaft nach Mehlingen fahren und dort abladen. Mehr nachweisliche Landmaschinenbeherrschung habe ich nie mehr gebracht.
Heute sind die Hightech-Maschinen so kompliziert, das ich sie noch nicht einmal starten könnte. Trotzdem bleibt der Traktor für mich das deutlich dominante Bauernhofsymbol. Und nicht ohne Grund fahren die Bauern genau damit los, wenn sie massiv protestieren wollen gegen ungerechte Bedingungen für ihre Schwerstarbeit.
Wenn es sein müsste und der Sache wirklich diente, würde ich da jederzeit mitfahren. Bis nach Berlin!

Winter-Wetter

Früher war (frei nach Loriot) nicht nur mehr Lametta, sondern auch mehr Schnee da. Winterzeit mit Winterwetter.

Ich habe als kleiner Kerl in dieser Zeit tatsächlich geglaubt, dass die Zeit und damit auch die Welt wohl doch angehalten werden kann. Denn Frost und Schnee waren so dermaßen bestimmend und unüberwindbar, dass das Leben zwangsläufig zum Stillstand kam. Weil einfach nichts mehr ging und schon gar nicht fuhr, weil alles dicht und in den Winterschlaf gefallen ist.

Es herrschte weitgehend Betriebsruhe. Die Frauen saßen an den Nähmaschinen und haben geflickt und genäht. Die Männer haben den Schuppen und die Werkstatt aufgeräumt, Holz gehackt und sich den Kopf zerbrochen.

Mir fallen bestimmte Kleinigkeiten ein:

Die Bettflaschen zum Beispiel. Die hatte ich abends mit heißem Wasser zu füllen und in die fünf Betten zu verteilen. Daran hat man sich dann beim zu Bett gehen ordentlich die Füße verbrennen können, oder man hat gefroren.

Wenn wir morgens aufgewacht sind, war über Nacht unser Atem auf der Bettdecke gefroren und die Fensterscheiben mit Eisblumen geschmückt.

Am Nachmittag haben sich die Kinder des Dorfes beim Schlittenfahren getroffen. Und wenn ich mit nassen Klamotten und roten Ohren nach Hause kam, durfte ich meine Füße in den warmen Backofen im Küchenherd strecken. So kam das Leben wieder in die Frostfüße zurückgekrabbelt.

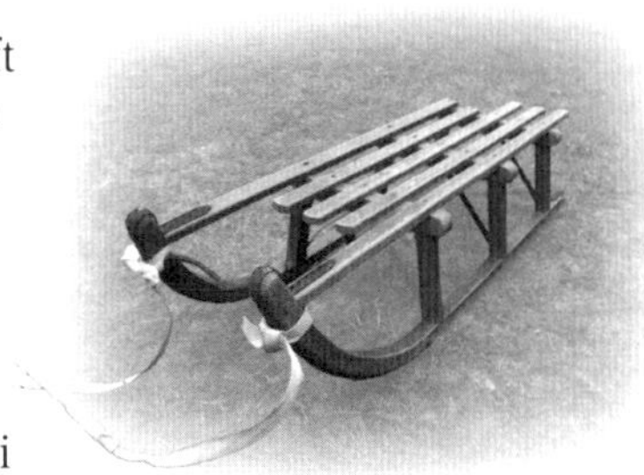

Es lag ein Zauber in der Luft dieser Winterwelt. Vor allem zwischen den Jahren erfüllte die Häuser eine merkwürdige Auszeit-Stimmung. Unsere Vorfahren haben dieser Zeit eine ganz besondere Würde zuerkannt. Es war bei ihnen zum Beispiel verpönt, in dieser Zeit Wäsche zu waschen. Sie wäre ohnehin nicht getrocknet. Noch nicht einmal Staub wischen sollte man. Nichts vor die Tür kehren.

Immerhin versprach man sich die Erfüllung aller schönen Träume, die in den langen Nächten geträumt worden sind.

Das Gesinde hatte tatsächlich frei, man nahm sich Zeit zu gegenseitigen Besuchen.

Mir hat es in dieser Winterzeit besonders gut gefallen, mit den Großen in den Stall zu gehen. Bei den Kühen und Kälbchen schien es mir besonders angenehm und warm. Wie in einer geschützten Zone kamen alle ihren jeweils zugeordneten Aufgaben nach.

Ich hatte zuerst die Futterkrippen auszukehren, sodass sie sauber waren für das Kraftfutter, das aus der Schrotmühle kam, ich half beim Ausmisten, stellte leere Milcheimer bereit und brachte sie meinem Vater, der für das Kühe melken zuständig gewesen ist.

Immer wenn eine Melkmaschinenkanne voll war, bin ich damit zu ihm hin, er schüttete die frisch gemolkene Milch in meine Eimer, und ich brachte alles in die Milchkammer, im O-Ton „Millichkammer“ genannt.

Durch einen Seiher, der bestückt gewesen ist mit drei Sieben und zwei dazwischen gelegten Wattescheiben, floss die Milch von allem Schmutz befreit in die Milchkannen.

Bis zum nächsten Einsatz setzte ich mich in einer Ecke aufs Stroh und sah den Tieren beim Fressen zu.

Ich konnte damals schon gut verstehen, dass sich Gott für die Ankunft seines Sohnes einen Stall ausgesucht hat. Es gibt einfach keinen besseren Ort mitten im kalten Winter.
Ich trug frisches Stroh herbei, mit dem nach dem Melken neu eingestreut wurde. Danach durfte ich den Stallgang kehren. Das hatte ich auf dem Berg beim Großvater gelernt.
Wenn wir dann nach getaner Arbeit das Licht in Stall und Scheune löschten, um zurück ins Wohnhaus zu gehen, spürte ich eine tiefe Zufriedenheit.
Geborgen und gut aufgehoben saß ich mit der Familie zum Abendessen am Küchentisch. Alles war gut. Und alle waren müde.
Winterzeit und Kinderzeit bilden in meiner Erinnerung eine freundlich stille Symbiose. Die Welt im Schongang. Reduziert auf die elementarsten Bedürfnisse.
Und endlich einmal Ruhe. Schöpferische Pause, Auszeit für die Seelen, heilsame Unterbrechung.
Und genau das brauchen wir heute doch auch. Das ist nicht nur Schnee von gestern!

Gräber gießen

Der Friedhof am Rande des Dorfes auf einem Hügel ist fester Bestandteil meines Lebens. Schon immer. Schon als Kind.
Die Gräber der Angehörigen wurden nach meiner Erinnerung mindestens so gut gepflegt und versorgt wie der Vorgarten am Haus. Im Rhythmus der Jahreszeiten wurde gepflanzt und geschmückt.
Ich habe meine Mutter oft als Handlanger begleitet, wenn sie „die Gräber gemacht“ hat. Dabei wurden die Namen der Verstorbenen genannt. Die Grabsteine mit Geburts- und Sterbedatum haben mich immer sehr beeindruckt.
Und Mutter wusste zu allen Geschichten zu erzählen. Und die sind nicht nur traurig gewesen.

Irgendwie fühlte ich mich auf merkwürdige Weise verbunden mit denen, die da unten lagen, obwohl ich sie nie gekannt habe. Die Vorfahren zu ehren, sie im Gedächtnis zu behalten und deshalb ihre Gräber zu hegen und zu pflegen, das haben sie mir früh nahe gebracht als ein Stück selbstverständlicher Pflicht und Schuldigkeit. Unsere Friedhofskultur ist auch ein Spiegel unserer Gesellschaft.
Im Sommer dann mussten die Gräber ja an jedem Abend gegossen werden. Und das habe ich in den Ferien oft gemacht. Ich weiß noch ganz genau, wie sich der Griff an der schweren Zinkgießkanne angefühlt hat, die ich zum Friedhof hintragen musste. Sie war leer schon schwer.
Der Wasserhahn befand sich ganz unten am Eingangstor weit ab von den Gräbern. Darum galt es die volle Kanne

immer den Berg hinauf zu schleppen. Das war Schwerstarbeit.
Und dabei habe ich mich immer gefragt, warum um alles in der Welt ausgerechnet wir so viele tote Verwandte haben müssen.
Und wenn mich dann die Nachbarin beim Losgehen zum Friedhof gesehen und damit beauftragt hat, ihre Gräber mit zu versorgen, dann hatte ich eine gute Stunde zu tun, als Wasserträger.
Wertschätzung geht auch rückwärts und muss auch rückwärtsgehen. Weil wir auf den Schultern der Männer und Frauen stehen, die uns voran gegangen sind und denen wir uns verdanken.
Je älter ich werde, umso größer wird die Anziehungskraft des Friedhofs wieder. Vor allem am Sonntagnachmittag kann es sein, dass mich so eine Heimwehwelle ins Heimatdorf zurück spült und ich mich wiederfinde am Elterngrab mit einem kleinen Gruß – und natürlich mit einer vollen Gießkanne, die man übrigens heute gar nicht mehr soweit tragen muss, weil die Wasserleitung bis nach oben geht.
Und spätestens wenn man sich sein eigenes Grab irgendwo aussucht oder entscheidet, wo man eines Tages beerdigt werden will, bekommt dieser Ort eine bemerkenswerte Bedeutung.
Und die Ostergeschichte vom leeren Grab erst recht.

Mit dürfen

„Dafür bist du noch zu klein. Da kannst du nicht mit!“
Es gibt eine Existenzform, die womöglich vom Aussterben bedroht ist, mir aber in der Kindheit absolut erstrebenswert erschien. Ich meine das „mit dürfen“.
Das ist wie die Lizenz zum Leben unter den Bedingungen der Welt da draußen. Groß genug sein, um vor die Tür zu gehen in die große weite Welt. Mitgehen oder mitfahren, wenn die Großen losgingen, um etwas zu erledigen. Mit auf die Post gehen, mit zum Milchhäuschen, mit zu einem Besuch. Auch mit zum Feld bestellen. Zum Einkaufen.

„Ich bin nur mit!“ habe ich dann gesagt „und doch dabei“ gemeint.
Über das „mit dürfen“ habe ich mich immer gefreut. Mehr als über das „mit müssen“.
Wenn Vater zum Feld bestellen mit dem Unimog losgefahren ist und ich durfte auf der Beifahrerseite einsteigen und mitfahren. Das war prima. Auch wenn es mir nach zwei Stunden über Stock und Stein einigermaßen schlecht geworden ist.
Ich kann mich erinnern, dass ich ein einziges Mal mit ihm eingekehrt bin. In einer Gaststätte. Am Güterbahnhof ist das gewesen. In Börrstadt.
Dorthin waren wir gefahren, um Absprachen für das anstehende Verladen der Zuckerrüben in auf dem Abstellgleis bereit zu stellende Waggons zu treffen. Diesen Ab-

transport für die Bauern des Dorfes zu organisieren, ist nämlich Aufgabe meines Vaters gewesen.
Und da sehe ich uns anschließend die hohe Treppe zu dem Gasthaus hinaufgehen. Ich an seiner großen Hand. Und oben dann hat es eine Brezel und eine Limonade gegeben. Fast geplatzt wäre ich vor Stolz. Wie eine besondere Auszeichnung habe ich diese kurze gemeinsame Viertelstunde an dem kleinen Tisch neben dem Tresen empfunden und genossen.
Aufgefallen ist mir allerdings, dass zuhause darüber kein Wort verloren wurde. Und das war für mich Grund genug, auch nichts zu verraten. Es wäre wohl eher als vergnügungssteuerpflichtiges Vergehen geahndet worden. Es ist uns halt passiert, mehr aus Versehen, glaube ich. Einkehr hat es ansonsten nur im Zusammenhang mit der Bibelstunde und Sonntagsgottesdienst gegeben.
„Mit dürfen“ als privilegiertes Abenteuer habe ich jedenfalls (frei nach Grönemeyer) mit der Kategorie „Sekundenglück“ verbunden.
Und ich wünsche mir, dass es bis zum Ende und womöglich sogar darüber hinaus dabei bleibt, dass ich mitgenommen werde, wenn es über Feld und Flur und den Horizont hinaus geht.

Sackfest mit Onkel Otto

Fleißige Männer müssen ordentlich dreckig sein. Das habe ich ganz früh schon verinnerlicht.

In der Erntezeit, wenn der Mähdrescher im Hof stand und Morgens abgeschmiert und fit gemacht werden musste für den Einsatz, wenn es gegen Mittag anfing trocken genug zu sein, da habe ich mich ganz gezielt mit Fett und Öl verschmiert, um nachher, wenn es zum Mittagessen ging, eindrucksvoll unter Beweis zu stellen, dass ich auch Enormes geleistet hatte.

Damals hatten die Mähdrescher noch keine Fruchttanks, in denen das gedroschene Korn gefüllt wurde, sondern es gab an der Längsseite, wo auch vorne der Fahrer saß einen sogenannten Sackstand.

Das war ein ca. drei Meter langes und etwa einen guten Meter breites Holzbrett, das am Acker angekommen heruntergeklappt werden konnte und worauf die Säcke an Einfüllstutzen festgemacht einzeln während des Dreschvorgangs abgefüllt wurden.

Damit man da nicht runterfiel, gab es ein Rundumgeländer, das ebenfalls herunterzuhebeln war. Daran konnte man sich festhalten. War ein Sack voll, mussten er abgenommen und durch einen neuen leeren ersetzt werden. Dazu war es nötig, dass eine zweite Person mitfuhr und

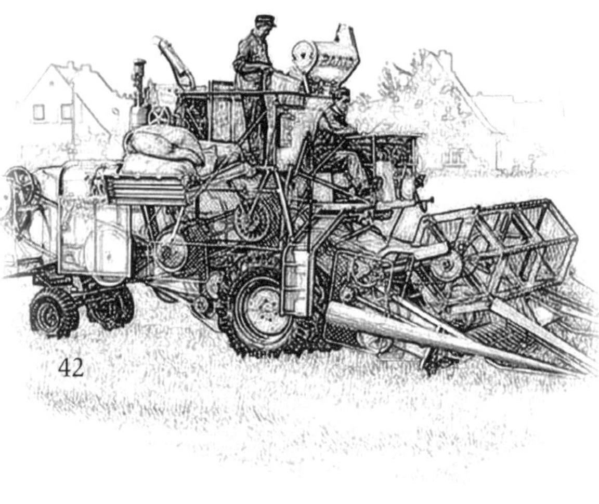

diese Abfüllvorgang betreute. Die vollen Säcke wurden nach einem ganz bestimmten Verschlussmodus mit einer Kordel zugebunden.
Auf dem Sackstand hat es unglaublich gestaubt. Aber weder für den Fahrer noch für den Mitfahrer gab es irgendeinen Schutz.
Heute sitzen die Mähdrescherfahrer im Vergleich zu damals wie im Wohnzimmer in einer klimatisierten Kabine. An solche Vorkehrungen und Schutzmaßnahmen hat damals noch niemand gedacht. Also haben die Leute, die ein paar Stunden mit dem Mähdrescher unterwegs gewesen sind, ausgesehen wie Schornsteinfeger.
Und das fand ich grandios.
Ich habe deshalb immer darum gebettelt, dass ich der dritte Mann sein darf. Vor lauter Begeisterung habe ich den Sackstand umbenannt in Sackfest. Mitfahren war nichts anderes für mich als ein Fest.
Meistens bin ich der Assistent von meinem Onkel Otto gewesen. Der war der Sackstandexperte. Und ich habe ihm anfangs immer die Kordel zum Zubinden gereicht, bis er mir eines Tages beigebracht hat, wie man die Säcke professionell verschließt, so dass sie nachher beim Verladen nicht aufgehen.
Ich wurde also vom bloßen Mitfahrer und Kordelreicher zum voll ausgebildeten Sackfestfachmann, der am Abend so verstaubt und schmutzig war, mindestens so wie die anderen Helden der Arbeit auch.
Es sind ja genau diese kleinen Gesten, die uns groß werden lassen. Dabeisein dürfen, zuschauen, abschauen und mithelfen. Noch grün hinter den Ohren aber schon schwarz um die Nase. Großartig.
Der Onkel Otto hat nie geschimpft, wenn mir das Zubinden nur beinahe gelungen war. Er hat es mir tausendmal wieder und wieder gezeigt. Bis ich es wirklich konnte. Und ich kann es bis heute im Schlaf.
Schade nur, dass es keine Sackfeste mehr gibt.

Kirschenzeit im Sand

In meiner Kindheit war das Leben auf dem Dorf noch komplett von der Natur und ihrem Kreislauf bestimmt. Alles hatte seine Zeit.
Während man heute Erdbeeren an Weihnachten kaufen kann und Kirschen fast das ganze Jahr, wurde damals noch eindeutig ein Kommen und Gehen respektiert.
Es gab im Jahr nacheinander Verschiedenes zu ernten und dann war es wieder vorbei. Erdbeeren, Getreide, Rüben, Kartoffeln, Zwetschgen, Salat, Gemüse, alles kam, war da und war auch wieder weg. Und in jeder Zeit sind die verschiedenen Arbeiten drangekommen. Und das ganze Dorf war sozusagen synchron mit den gleichen Handgriffen beschäftigt.
So auch Ende Juni, Anfang Juli mit den Kirschen. Je nachdem wie es den Bäumen in der Blütezeit im Mai ergangen war, ob sie nochmal späten Frost ertragen oder starken Schädlingsbefall zu verkraften hatten, gab es eben welche, gab es vielleicht sogar viele, oder es gab nur wenige.
Und entsprechend gab es Geld, zusätzliches gern genommenes Zubrot – das Kirschengeld.
In den Wochen der Kirschenernte war das Dorf für zwei bis drei Wochen wie evakuiert. Zwischen Heuernte und Getreide kam die Kirschenzeit ganz günstig dazwischen und das Dorf geriet in den Ausnahmezustand.
Weil auch die Frauen meist dabei gewesen sind, gab es mittags kurze Küche und schon waren wieder alle auf den Bäumen. Alles was eine Leiter hatte und mindestens einen Kirschenacker war emsig dabei, alle Früchte sorgsam abzuernten und zum Markt zu bringen.
Die Gemarkung mit den ganzen Kirchenäckern hieß wie der Boden, auf dem die Bäume standen: Der Sand. Darin fühlten sich die Wurzeln der Kirschbäume deshalb beson-

ders wohl, weil sich die Wärme des Frühjahrs in diesem Untergrund am schnellsten bemerkbar machte und so die Entwicklung der Bäume puschte.
Die Äcker waren im Laufe der Zeit von Generation zu Generation so oft unter den Kindern und Kindeskindern aufgeteilt worden, dass auf den meisten nur noch eine Reihe stand. Und als alle so engmaschig aufgeteilt worden waren, fingen manche Familien sogar an, diese schmalen Streifen nochmal in der Mitte zu halbieren. Alle sollten eben teilhaben an den Früchten.

Vater war der allgemein anerkannte und nachweislich zuverlässige Leitersteller. Er verstand es meisterhaft, die Leitern so in den Baum zu postieren, dass man getrost raufklettern konnte bis in den Gipfel. Zusätzlich band er die Leitern noch an einem oder zwei Ästen an, sodass niemand Angst haben musste, auch wenn mal Wind aufkam.
So stand also ein ganzes Dorf sozusagen gemeinsam auf der Leiter. Der ganze Sand war unser Land. Man hörte Stimmen und Gelächter überall. Zu keinem Zeitpunkt im Jahr haben die Leute so viel miteinander geredet.
Aber wenn sie nicht reden konnten oder wollten, ist es deshalb auch der Stresstest des Jahres gewesen für viele. Mitunter gab es auch handfesten Streit. Und das dann mit so viel aufmerksamem Publikum, das noch nicht einmal Eintritt für das Freilufttheater zahlen musste.
Die Kirschenzeit konnte also auch Krisenzeit werden. Denn während der Kirschenernte konnte man sich nicht wirklich aus dem Weg gehen.

Die Rede von der intakten und allzeit harmonischen Großfamilie in der guten alten Zeit ist und war schon immer ein Gerücht. Natürlich gab es Spannungen und Gezänk. Und das ganz ohne Supervision und ohne therapeutische Begleitung.
Die ersten Tage musste ich immer aufpassen, dass auch etwas in den Korb kam. Die Kirschen schmeckten nämlich vom Baum direkt gepflückt so unglaublich gut, dass die Gefahr groß gewesen ist, sich den Bauch so voll zu schlagen, dass der sich dann bitter beschwerte.
Gepflückt werden mussten die Kirschen mit Stiel aber ohne Blätter und Äste. Vater hatte die größte Leiter, mit um die 40 Sprossen. Wenn er die um die Bäume herum jonglierte, hielt ich immer den Atem an. Aber er hatte dafür einfach Geschick und war auch stolz darauf.

Ich habe bei keiner Arbeit meine Mutter ihn so anhimmeln sehen wie im Sand bei der Kirschenernte. Und wenn sie oben am äußersten Giebelast noch eine schöne rote Kirsche hängen sah, dann machte sie sich einen Spaß daraus, ihren Eugen zu bitten, die doch bitte auch noch herunter zu holen.

Und dann war es einfach schön zu sehen, wie er sich ehrgeizig genug nicht nachsagen lassen wollte, er hätte auch nur eine Kirsche im Baum vergessen zu ernten und kletterte waghalsig hinauf.

In dem Moment hat sie ihn dann nicht mehr Eugen sondern Eichhörnchen genannt. Aber im ganzen Jahr habe ich die beiden nicht mehr so liebevoll miteinander umgehen sehen wie bei der Kirschenernte im Sand.

Einen ganz besonderen Kirschbaum habe ich noch in Erinnerung. Er ist der Star unter den verschiedenen Sorten gewesen. Und er trug eine besonders edle Frucht, die hieß tatsächlich Napoleon. Sie war etwas dicker und fleischiger als die anderen Sorten, war goldgelb und rötlich zugleich und ganz besonders empfindlich. Man durfte sie nicht in den Korb fallen lassen oder einfach so in die Obstkisten schütten. Dann bekamen sie sofort dunkle Flecken und haben auf dem Markt bei weitem nicht den guten Preis erzielt, der ihnen im tadellosen Zustand zustand.

Wenn der Baum an die Reihe kam, wurde die Stimmung geradezu feierlich. Und wenn der Ertrag besonders gut ausfiel, war das ganz gut für das Stimmungsbarometer. Kam ein Regen mitten in die Reifezeit, dann platzten diese Perlenkirschen auf und waren leider komplett unbrauchbar.

Dieser Baum war ganz schön anspruchsvoll und kompliziert, zumal die Kirschen nicht auf einmal, sondern in Etappen reif wurden. Napoleon hat uns ganz schön antreten lassen.

Und so haben wir in jedem Frühsommer ganz gut auf den Sand gebaut.

Bibelstunde

Meine Familie war in zwei religiösen Milieus zu Hause. Und diese beiden Welten fanden wechselweise alle 14 Tage einmal in der Kirche und einmal im Wohnzimmer bei der Oma statt.
So wurde ich mit doppelter Dosis Frömmigkeit erzogen. Einmal im Raum und der Sprache der protestantischen Volkskirche, mit Gesangbuchliedern, Predigt und Abendmahl. Und in familiärer Zimmertemperatur mit Prediger und Gemeinschaftsliederbuch.
Zeitweise gab es auch ein Angebot nur für uns Kinder. Dann wurden biblische Geschichten erzählt und wir haben gesungen: „Lies die Bibel, bet jeden Tag, wenn du wachsen willst." Und wer wollte das nicht. Wachsen?
Meistens aber waren wir alle zusammen und es hat sehr lange gedauert. Die Bibelarbeiten waren bei weitem länger als die Sonntagspredigten. Und es war auch eine komplett andere Performanz. Die Prediger sind nach meiner Erinnerung meistens ziemlich alt gewesen. Und irgendwie traurig.
Aber in der Kirche konnte von guter lebensfroher Stimmung auch nicht unbedingt die Rede sein. Besonders beim Abendmahl, das ich ja bis zur Konfirmation nur als stiller Teilhaber beobachtete, wurde ich regelmäßig an die Beerdigung meines Großvaters erinnert. Und wenn die gestandenen Mannsbilder, die die ganze Woche über bärenstark und selbstbewusst unterwegs gewesen sind, wenn die zum Altar schlichen, um sich dort unter dem Eindruck von Schuld und Vergebung den Bissen Brot und den Schluck Wein abzuholen, dann dachte ich immer, dass es irgendwie weh tun muss.
„Hoffentlich muss ich da nicht auch mal mitgehen!", habe ich gedacht. Erstrebenswert schien es mir nicht wirklich, in dem Zusammenhang zu den Großen zu gehören.

Alles änderte sich, als wir plötzlich einen ganz jungen Pfarrer und einen ziemlich jungen Prediger bekamen. Jetzt wurden die Predigten in der Kirche noch kürzer aber lebendig und interessant. Und die Bibelarbeiten des Predigers kamen ebenfalls auf einmal in einer für mich besser verständlichen Sprache daher.

Ich war damals elf oder schon zwölf Jahre alt, als eines Sonntags das Gleichnis von den klugen und den törichten Jungfrauen im Wohnzimmer drüben bei der Oma in der Hauptstraße drangekommen ist. Ich sehe noch den Prediger vor mir, höre seine Bassstimme deutlich nachhallen und über ihm an der Wand das Porträt eines alten Mannes mit weißem Bart, den ich irgendwie mit Gott verwechselte.

In Wirklichkeit ist es der alte Bodelschwingh gewesen. Der hing dort, weil ein Onkel in Bethel die Diakonenausbildung gemacht hatte.

Jedenfalls spürte ich damals zum ersten Mal meinen tatsächlich in mir schlummernden Widerspruchsgeist, der gewiss in enger Verbindung mit dem Heiligen Geist zu sehen ist, und wagte es, dem Prediger zu sagen, dass ich es einfach unfair finde, wie die sogenannten törichten Jungfrauen ausgesperrt werden, nur weil ihnen zwischenzeitlich das Lampenöl ausgegangen war. Ich habe damals böse Blicke geerntet.

Der Prediger aber hat sich tatsächlich mit mir darüber unterhalten. Überzeugen konnte er mich nicht davon, dass die Sache so in Ordnung ist. Aber ich war dennoch einigermaßen ermutigt und dabei, mündig zu werden. Das war auch nötig, denn wenige Wochen später kam eine noch drastischere biblische Unfassbarkeit aufs Tapet. Es ging um die Arbeiter im Weinberg und darum, dass am

Ende des Tages alle den gleichen Lohn bekommen, obwohl die Letzten gerade mal eine Stunde gearbeitet hatten.
Als Kind hat man noch eine ungebremste Sensibilität für Ungerechtigkeit. Und solange die noch nicht gezähmt ist, kann es ziemlich ungemütlich werden, wenn eine solche zum Himmel schreit. Diesmal habe ich aber nichts gesagt, weil ich deutlich gespürt habe, dass es auf ein erhebliches Imageproblem hinauslaufen könnte.

Deshalb entschloss ich mich, im Laufe der Woche einen Brief zu schreiben, um meine Argumentation gegen den Weinbergbesitzer darzulegen. Es ist mein allererster Brief gewesen, den ich auf meinem Zimmer im Internat geschrieben habe, während die drei anderen Jungs beim Tischtennis spielen im Keller gewesen sind. Ich habe ihn in Kaiserslautern auf die Hauptpost getragen, wie eine Demonstration. Mit Herzklopfen und beinahe schon schlechtem Gewissen. Immerhin war die nächste Bibelstunde ja erst in zwei Wochen. Es gab also vorerst Schonfrist und keine Verbannung.
Dass aber zwei Tage später ein Antwortbrief zurückkommen würde, damit hatte ich nicht gerechnet. Meine Protestnote gegen die demonstrative Ungerechtigkeit des Weingärtners war angekommen, ernstgenommen und be-

antwortet worden. Überhaupt nicht verächtlich, komplett wertschätzend, vorsichtig andeutend, dass es bei Gott womöglich andere Regeln geben könnte als bei uns. Und dass es gut ist, wenn ich auch in Zukunft Kontakt aufnehme, wenn ich nicht einverstanden bin.
Das ist die Geburtsstunde für meine Lust am theologischen Denken gewesen. Dass der in einer Bibelschule ausgebildete Prediger der Inneren Mission meinen Zweifeln und Einwänden Aufmerksamkeit und Respekt zollte, das hat mich vollkommen verblüfft und dann doch tatsächlich wachsen lassen.
Und weil es keine Zufälle gibt, gehört es zu den Fügungen meines Lebens, dass ich bei einem Straßenfest vor wenigen Jahren den inzwischen alt gewordenen Prediger wieder traf. Und bei diesem Gottesdienst Open Air habe ich tatsächlich über den Mindestlohn gepredigt, der lange vor der großen Koalition von Jesus eingeführt worden ist.
Dasselbe Gleichnis wie vor mehr als 40 Jahren. Und ich kämpfe immer noch mit der himmlischen Gerechtigkeit…

Dach überm Kopf

Ich habe mich gerne verkrochen als Kind. Mein Lieblingsplatz war unterm Tisch. Unterm Küchentisch.

Am liebsten habe ich das am Abend gemacht, wenn alle da waren, das Tagwerk geschafft und absehbar war, dass ich ins Bett gehen musste. Wenn dann noch das Radio lief, hat es mir besonders viel Spaß gemacht, von der Bildfläche zu verschwinden und unter dem Tisch zu sitzen. Dann waren alle abgelenkt und da spielte woanders die Musik.

Wie lange würde es dauern, bis man mich vermisst? Wer wird auf die Idee kommen, nach mir zu fragen oder gar zu suchen.

Die Mischung aus heimlich und unheimlich hatte es mir angetan. Ich konnte es genießen wegzusein, weil ich mich ganz und gar da und dabei und gutaufgehoben fühlte. Das Experiment des Verschwindens fand unter dem großen Dach der Geborgenheit statt. Und das hat sich gut angefühlt. Und wenn mich dann endlich jemand entdeckt, aufgefunden, erwischt hatte, dann habe ich mich fallen lassen, in dieses Nest, daheim zu sein und absolut außer Gefahr.

Heute ist mir dankbar bewusst, wie viel ich dieser Nestwärme verdanke und dass es das kleinste Dach der Welt gewesen ist, unter dem ich mir meiner selbst sicher sein konnte. Und dieses kleinste Dach sind die liebevollen Hände meiner Eltern gewesen, die mich zuallererst aufgehoben und beschützt haben. Und natürlich die Hände meiner Geschwister und der Menschen, in deren Nähe ich aufwachsen und mich verstecken durfte.

Ich bin sozusagen durch viele Hände gegangen, um das Laufen und das Leben zu lernen, das Essen und Trinken, das Lachen und Weinen, das Hinfallen und Aufstehen, das Streiten und das Streicheln. Viele Handlanger hatten alle Hände voll zu tun mit mir, damit ich wachsen konnte. Wir alle sind das Ergebnis von ganz viel Handarbeit. Wir brauchen eine gut durchdachte Dachorganisation für unser Leben. Unterschlupf für die scheue Seele. Und dabei spielt die allererste Behausung die größte Rolle.

Und irgendwann ist es unterm Küchentisch zu eng. Irgendwann ziehen wir um unter andere Dächer. Und das ist auch gut so. Und unvermeidlich. Und unverzichtbar. Und das geht auch dann ganz gut, wenn das erste Zelt der Welt glaubwürdig und überzeugend beschützt und genützt hat.

Über zehnmal bin ich inzwischen umgezogen. Umzüge gehören zu meinem Weg. Aufbrechen, ausziehen, neu ankommen und unter Dach und Fach bringen dieses lebensgefährliche und wunderbare Leben.

Und immerzu habe ich von dem Startkapital meines ersten Stammquartiers gezehrt und mutig nach vorne gelebt, das mir in die Wiege gelegt worden ist und das ich unterm Küchentisch genossen und gehütet habe.

Wer bis in den Himmel wachsen will, muss zuerst verwurzelt und verortet sein in einem Hoheitsgebiet verlässlicher Liebesmüh, die fraglos und bedingungslos begrüßt und behaust und bewahrt.

Und dann wird es am Ende das größte Dach der Welt sein, unter dem ich mich geborgen ausstrecke und entfalte. Unterm Regenbogen der Liebe Gottes bin ich zuhause. Farbenfroh wölbt sich sein Versprechen über uns. Auf Biegen und Brechen ist Verlass auf seine verheißungsvolle Absicht, zu bewahren bei Saat und Ernte, Frost und Hitze, Sommer und Winter, Tag und Nacht.

Und alles hat seinen Anfang genommen im Wärmezentrum unterm Küchentisch beim Untertauchen unterm Obdach des Elternhauses.

Hand drauf!

Die alte Frau und das Butterbrot

Die Berger Oma hatte Spaß, wenn sie mich mitnehmen konnte. Ihr fiel oft etwas ein, was sie mit mir zusammen tun wollte. Nicht alles hat mir auch Spaß gemacht. Zum Beispiel fand ich das Beerenpflücken äußerst mühsam. Irgendwie hat es immer gefühlte Ewigkeiten gedauert, bis das kleine Behältnis einigermaßen voll war. Brombeeren waren mir noch am liebsten. Die waren allemal dicker als Himbeeren und besser zu pflücken. Oma wusste genau, wo welche zu finden waren. Und wann sie reif genug geworden sind.

So auch an dem Tag, an dem wir quer durchs Dorf zum Börrstadter Weg gelaufen sind, wo sich am Wiesenrand mehrere Brombeerbüsche gut zugänglich befanden. Dorthin wollten wir gehen. Klare Ansage. Der Mittag war gerettet.

Damals hat sich das Leben ja ohnedies weitgehend noch zu Fuß und auf der Straße abgespielt. Die Leute waren also sichtbarer und anwesender als wir das heute noch erleben. Wo Leben und Arbeiten sozusagen lebenslang weitgehend vor Ort stattgefunden hat, da ist es auch zwangsläufig mehr zu Begegnung und Gespräch gekommen. So auch an dem Tag.

Vor dem letzten Haus beim Verlassen des Dorfes stand plötzlich Omas Schulfreundin aus alten Tagen mit Korb unterm Arm und Kopftuch da und sagte: „Na wohin des Wegs?“ Und die Beiden unterhielten sich und

scherzten über meinen Kopf hinweg und ich stand einfach nur so da und habe gewartet, bis wir endlich weitergehen.
Da hörte ich die Frau auf einmal zu mir sagen: „Bub, willst du ein Butterbrot?"
Ich war völlig verblüfft. Und bin es bis heute. Sah ich etwa so verhungert aus oder war es gerade Essenszeit? Keine Ahnung. Ich habe jedenfalls nicht NEIN! gesagt.
Da hat sich die gute Frau umgedreht, ist hinter der Haustür verschwunden und kam wenige Augenblicke später wieder mit einem frisch geschmierten Butterbrot zurück.
Das ist mein allererstes Fast Food meines Lebens gewesen. Und während wir jetzt weitergingen, habe ich es gegessen.
Der Geschmack dieses dick mit Butter geschmierten Schwarzbrotes liegt jederzeit abrufbar als Erinnerungsdatei im Safe meiner Kindheit bereit. Ich kann es schmecken und genießen bis zum heutigen Tag. Ja, ich glaube fast, es hat mir nie mehr irgendetwas so gut geschmeckt.
Ich habe damals noch nicht gewusst, was die Butter für einen symbolischen Mehrwert für die Generation meiner Großeltern gehabt hat. Natürlich ist es ein demonstratives Anzeichen für die Überwindung von Hunger und Entbehrung gewesen. Und mir ist präsent, wie an fast jedem Abend meine Mutter das Pfund Butter feierlich ausgepackt hat, das mein Bruder vom Milchhäuschen mit nachhause gebracht hat.
Und ich kenne noch den Spruch, den ich sie öfters sagen hörte dabei: „Butter sparen grundverkehrt! Butter essen! Butter nährt!"

Mein erster Lehrer

Er hieß Schäfer. Und wir waren seine Schafe. Auch schwarze. Natürlich. Aber brave. Alle Kinder in einem Raum. Sieben Klassen. Insgesamt um die 30 Schülerinnen und Schüler.
Wir waren Sieben. Sieben auf einen Streich. Fünf Jungen, zwei Mädchen. Und er vorne am Pult. Ganz ruhig. Wir auf unseren Klappstühlchen in den Bänken auch. Manchmal.
Nacheinander befasste er sich mit den einzelnen Klassen. Die nicht direkt dran waren, haben Stillarbeit gemacht. Es hat auf magische Weise funktioniert. Wenn die Pausen zu Ende waren, hat er in die Hände geklatscht.
Drei Dinge sind mir besonders im Zusammenhang mit ihm im Gedächtnis geblieben:
Er war der Erste, den ich habe Cola trinken sehen. Ein Junge aus einer höheren Klasse holte regelmäßig eine Flasche für ihn aus dem benachbarten Lebensmittelladen. Und dann stellte er sie aufs Pult und trank in Abständen daraus. Und genau dieses Bild habe ich vor mir. Wie das schmeckt, habe ich erst später getestet.
Die zweite Erinnerung hat mit den Ferien zu tun. Da machte er nämlich Urlaub an der Nordsee. Und am ersten Schultag nach den sechs Wochen Sommerpause brachte er eine große Blechbox mit in die Schule, die gefüllt war mit Muscheln. Die hatte er tatsächlich für uns am Strand gesammelt. Alle durften sich eine aussuchen.
Er meinte damals, dass, wenn wir ganz still wären und die Muscheln an unsere Ohren hielten, wir das Rauschen des Wassers hören könnten. Faszinierend war das. Natürlich konnten wir das alle hören. Und wie. Meine Muschel habe ich bis zum Abitur aufgehoben. Dann war sie leider irgendwann verschwunden. Dabei könnte sie bis heute rauschen, glaube ich.

Unser Lehrer Schäfer hat alles mit seinen Schülern geteilt. Irgendwann hatte es sich zum Beispiel eingespielt, dass die Eltern ihm an Weihnachten und Ostern durch ihre Kinder Schokolade und Süßigkeiten zukommen ließen. Die hat er aber dann nie mit nachhause genommen und dort alleine aufgegessen, sondern immer mit uns allen geteilt.

Schließlich verdanke ich meinem ersten Volksschullehrer auch meinen ersten öffentlichen Auftritt vor ganz vielen Menschen, die ich aber zum Glück nicht sehen konnte.

Und das kam so: Unser Männergesangverein hatte ein Jubiläum. Er wurde 100 Jahre alt. Für meine Ohren hat er auch so geklungen. Aber es ist ein leider vom Aussterben bedrohtes Kulturgut gewesen, dass die Männer des Dorfes – unabhängig davon ob sie singen konnten oder nicht – diesen Sammelpunkt hatten und sich darüber verbunden fühlten.

Und nun sollte also auf dem sogenannten Kleeacker oberhalb des Dorfes ein großes Fest gefeiert werden.

Dazu wurde ein großes Festzelt aufgebaut, wie ich es noch nie zuvor gesehen hatte. Das ganze Dorf stand unter Strom und die Aufregung war überall zu spüren. Ein ganzes Wochenende sollte gefeiert werden.

Beim eigentlichen Festakt am Sonntag gab es einen Umzug durchs Dorf mit allen mitwirkenden Chören aus der Umgebung. Und vor jedem Chor ging ein Schüler vorneweg mit einem Schild, auf dem der Herkunftsort zu lesen stand.

Später habe ich erfahren, dass die Jungs und Mädels, die diese tragende Rolle hatten, ganz schön viel Geld dafür bekommen hatten, das die Sänger für sie eingesammelt haben.
Meine Rolle war dagegen weniger hoch dotiert.
Dafür aber wesentlich aufsehenerregender. Zumindest für mich. Ich sollte nämlich, auf Vorschlag unseres Lehrers, ein Gedicht aufsagen. Das konnte ich so gut auswendig, dass ich es hätte mitten in der Nacht auf Kommando aufsagen können. Mein Lehrer Schäfer hat es lange und oft mit mir geübt. Er konnte es längst auch auswendig.
Trotzdem war die Angst und die Aufregung natürlich groß. Bei mir und wohl auch bei ihm.
Dann war es endlich soweit! Der Chor stand auf der Bühne, hatte erste Lieder zum Besten geben, und nun sollte eine Pause für das Gedicht dran sein. Ich wurde hoch gewunken und trat an das Mikrofon, das man mir

extra ganz tief heruntergefahren hatte, damit ich reinsprechen konnte.
Und als ich Kopf hoch zu sprechen begann, habe ich es gesehen. Dass ich nichts und niemanden sehen kann. Das Geländer vor der Bühne war nämlich so hoch und mit Zweigen geschmückt so dominant, dass ich kleiner Kerl dahinter von den Leuten im Zelt gar nicht zu erkennen war. So kam es also, dass ich mein Gedicht ins Nichts hinaus gesprochen habe und dabei nur ein Brett vor dem Kopf hatte.
Heute weiß ich, dass es sich um einen extra für mich eingebauten Schutzwall gehandelt hat, der es mir ermöglichte, das Gedicht ohne Stottern zu präsentieren. Dass es anschließend dafür Applaus gab, das wundert mich bis heute.
Und wenn ich jetzt ab und zu im Aufnahmestudio des SWR im Mainzer Funkhaus sitze und in ein Mikrofon meinen Morgengruß spreche, sehe ich auch niemanden von denen, die mir zuhören. Da ist es gut, dass ich mit dem Phänomen schon so früh umzugehen gelernt habe.
Und das habe ich nur meinem ersten Lehrer zu verdanken, der ein guter Schäfer gewesen ist.

Meine Lehrerin tanzt mit mir

Nachdem die Volksschule in Breunigweiler 1966 geschlossen worden war, sind wir jeden Morgen mit einem Kleinbus nach Sippersfeld gefahren worden in die neue Schule dort. Die Kinder aus den umliegenden Orten kamen alle dort zusammen. Neuhemsbach, Börrstadt, Breunigweiler. Jetzt war's vorbei mit der beschaulichen Dorfschule. Aber es war immer noch kein Massenbetrieb.

Ich hatte jetzt eine neue Lehrerin. Frau Locher. Sie hat mich angeschaut wie noch niemand zuvor. In ihrer Nähe bekam ich keine Angst, sondern das bis dahin unbekannte Gefühl von Sicherheit und Leistungswille. Sie traute mir mehr zu, als ich selber das tat.

Und genau von diesen Menschen sind wir abhängig. Wir brauchen sie, um uns nach vorne loben zu lassen.

In allen Fächern machte ich einen Sprung. Es war auf einmal so leicht. So spannend. So sinnvoll. Unverkrampft. Sogar beim Tanzen.

Völlig neu und absolut ungewohnt tat sie etwas, was uns alle vollkommen verblüffte: Sie feierte mit uns. Zum Beispiel an Fasching. Da habe ich zum ersten Mal getanzt. Mit meiner Lehrerin. Besser gesagt: Sie mit mir. Ich konnte das gar nicht. Aber sie hat jeden von uns irgendwie zum Kreiseln gebracht. Nichts war falsch. Niemand hat sich blamiert. Alle waren amüsiert.

Schule als Spaßfaktor. Lebenslust und Aufbruchstimmung kamen auf. Ich hatte Freude am Lernen und konnte plötzlich die Deutschlandkarte mit Flüssen und Gebirgszügen auswendig in eine Karte eintragen. Hunsrück, Eifel, Westerwald, Stadt, Land, Fluss – ein Genuss!

Ich fing an, Aufsätze zu schreiben mit Phantasie und schmerzfreier Formulierung. An einen Satz kann ich mich noch genau erinnern im Zusammenhang mit geschichtlichem Aufbruch und Buchdruck. Der hieß:

„Im Mittelalter gab es einmal eine Zeit (Zeit der Erfindungen), in der der Erfindergeist der Menschen blühte und so manchen Wandel im gesellschaftlichen Leben mit sich brachte."

Warum mir der eine Satz in Erinnerung geblieben ist, weiß ich nicht. Aber er ist da. Nicht erfunden.

Aufgrund der beiden Kurzschuljahre 1967 und 1968 war ich inzwischen schon in der 7. Klasse und ein Wechsel ins Gymnasium schien verpasst. Dann aber kam alles ganz anders.

In einer besonderen Projektwoche, die sich der Berufsfindung widmete, kamen verschiedene Menschen in unsere Schule, die sich mit ihrem Beruf bei uns vorstellten. Das war spannend und absolut lebensnah.

An einem dieser Tage hatte Frau Locher ihren Mann mitgebracht. Der war Pfarrer und stellte sich so dermaßen attraktiv und begeisternd vor, dass mit dieser einen und einzigen Begegnung in mir die Entscheidung reifte, selber Pfarrer werden zu wollen.

Nicht meiner religiösen Sozialisation, nicht dem Wunsch meiner Eltern, keinem Impuls der frommen Weggefährten ist es zu verdanken, sondern der letztlich entscheidende Kick kam nach meinem Empfinden einzig und allein von dieser einen Begegnung.

Natürlich war dafür in mir viel vorbereitet und unbewusst längst gereift. Aber dieser Mann und seine begeisternde Ausstrahlung gaben den Ausschlag für meinen

Aufbruch. Ich habe ihn nie mehr danach gesehen oder getroffen.
Aber ich ging auf Empfehlung meiner tanzenden Lehrerin den ultimativen Weg über das Aufbaugymnasium nach Kaiserslautern. Nach bestandener Aufnahmeprüfung war ich ab Sommer 1969 Internatsschüler im Dunkeltälchen.
Leider habe ich seither nie mehr so gerne getanzt.

Meine Klavierlehrerin

Meine kleine Welt und die meiner Klavierlehrerin: Da liegen Welten dazwischen. Das sind komplett andere Umlaufbahnen gewesen. Und doch haben wir uns getroffen. Und es war atemberaubend.
Meine Klavierlehrerin kam immer mit einem Ford in den Hof gefahren. Und dieses Auto ist in meiner Erinnerung ein Schuhgeschäft auf vier Rädern gewesen. Sie wechselte immer ihre Schuhe, wenn sie aus dem Auto stieg. Zum Fahren hatte sie andere an als zum Unterrichten. Und außerdem waren da jede Menge verschiedene Modelle.
Zum ersten Mal in meinem Leben habe ich solche Stöckelschuhe gesehen, für deren Tragen frau wahrscheinlich einen Waffenschein gebraucht hätte. In meiner Welt rund um den Bauernhof meines Dorfes sind mir solche Schuhe nie zuvor begegnet.
Einigermaßen exotisch für mich war auch ihre Kleidung und besonders der Geruch, den sie verbreitete. Ihr Parfum ist von betörender Intensität gewesen. Und da es so etwas in unserem Haus ansonsten nicht gegeben hat, ist meine Aufmerksamkeit entsprechend groß dafür gewesen. Das hatte mit dem Kölnischwasser, das ich als einzigen Geschmacksverstärker bis dahin kennengelernt hatte, nichts zu tun.
Ansonsten ist sie eine zauberhaft freundliche und nachsichtige Pädagogin gewesen. Sie konnte mit Kindern umgehen, verstand es gut, die Spannung zwischen Fordern und Fördern zu halten und sparte nicht mit Lob. Also haben wir mehr oder weniger erfolgreich Klavier gespielt. Anfang der 1970er Jahre. Fingerübungen, Tonleiter, erste kleine Liedchen. Und am Heiligen Abend natürlich erste erfolgreiche Präsentation der für diesen Anlass wirklich gut eingeübten Weihnachtslieder.

Trotzdem ist es immer mühsam gewesen. Üben musste man mir regelmäßig verordnen. Aber da meine Schwester eine überaus begabte und fleißige Klavierspielerin war, gab es im Familienvorstand kein Vertun. Ich musste das lernen. Und das war aus Sicht der Eltern keine Schikane, sondern ein Privileg. Womit sie Recht hatten.

Auf dem Höhepunkt meiner kurzen Karriere als Pianist waren wir, als es an die ausgewählten Sonatinen und Stücke von Karl Zuschneid ging. Ich habe das Heft 1 bis heute aufbewahrt. Menuett, Soldatenmarsch, Sonatinen haben alle mit Bleistift das jeweilige Datum und allerhand Regieanweisungen. Da steht dann mit mehreren Ausrufezeichen „Nicht zu schnell!“ oder „Zählen!“

Mein Lieblingsstücke waren: der „Sonntagmorgen“ von Thomas Kullak und der „fröhliche Landmann“ von Schumann.

Absoluter Glanzpunkt ist das öffentliche Vorspielen aller Schülerinnen und Schüler an einem Sonntagnachmittag in einer nahegelegenen Gemeinschaftshalle eines Nachbardorfes gewesen. Mein Lampenfieber war riesig, meine Eltern waren stolz und das hat die Sache noch aufregender gemacht. Denn stolze Eltern, die schon vor dem Auftritt strahlen, sind eine schwere Last. Die Bringschuld steigt ja mit der Erwartung.

Also habe ich an diesem Nachmittag die Sonatine von Clementi, Op. 36,1 zum Besten gegeben. Die Partitur ist voller Bleistiftcoaching: crescendo = lauter werden, dim heißt diminnendo = leiser.

Es ist bei dem einen und einzigen Konzertauftritt geblieben. Leider. Der pubertierende Klavierschüler hielt es schließlich für imageschädigend, nachmittags zum Üben ans Klavier zu gehen, während die anderen Jungs im Internat Fußball spielten und nach den Mädchen Ausschau hielten. Ich habe das Klavier aus meinem Leben verbannt und bedauere es bis heute.

Manchmal, wenn ich allein zuhause bin und die Nachbarn verreist sind, setze ich mich ans Klavier meiner Frau und spiele die alten Stücke so gut ich kann. Und die Sonatine vom Vorspielsonntag, die kann ich noch fast auswendig.

Aber nur unter Ausschluss der Öffentlichkeit.

Die Gastarbeiter

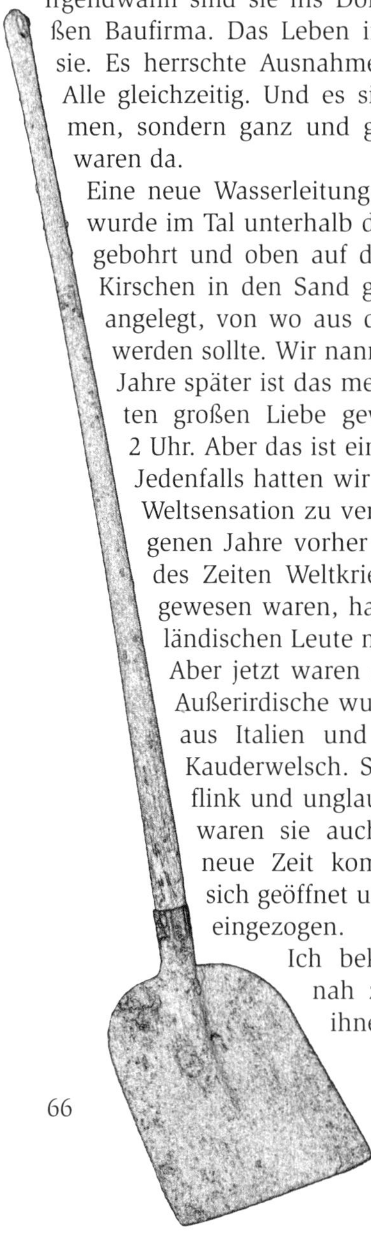

Irgendwann sind sie ins Dorf gekommen. Mit einer großen Baufirma. Das Leben im Dorf wurde anders durch sie. Es herrschte Ausnahmezustand.Wir hatten Besuch. Alle gleichzeitig. Und es sind keine Verwandte gekommen, sondern ganz und gar Fremde. Die Gastarbeiter waren da.

Eine neue Wasserleitung sollte gebaut werden. Dazu wurde im Tal unterhalb des Dorfes ein neuer Brunnen gebohrt und oben auf der Höhe, dort wo es zu den Kirschen in den Sand ging, ein neuer Hochbehälter angelegt, von wo aus das Dorf mit Wasser versorgt werden sollte. Wir nannten es das Wasserhäuschen.

Jahre später ist das mein Treffpunkt mit meiner ersten großen Liebe gewesen. Immer sonntags um 2 Uhr. Aber das ist eine andere Geschichte.

Jedenfalls hatten wir jetzt erst einmal eine andere Weltsensation zu verkraften. Seit die Kriegsgefangenen Jahre vorher unmittelbar nach dem Ende des Zeiten Weltkrieges als Erntehelfer im Dorf gewesen waren, hatte man seither keine fremdländischen Leute mehr zu Gesicht bekommen.

Aber jetzt waren sie da. Die Gastarbeiter. Wie Außerirdische wurden sie bestaunt. Sie kamen aus Italien und sprachen ein wunderbares Kauderwelsch. Sie waren nicht so groß, aber flink und unglaublich fleißig. Und freundlich waren sie auch. Ich spürte eine epochale neue Zeit kommen. Irgendeine Tür hatte sich geöffnet und die Welt war in mein Dorf eingezogen.

Ich bekam die Arbeiter besonders nah zu Gesicht, weil mein Vater ihnen erlaubt hatte, unser

Plumpsklo im Hof zu benutzen. Und so wurden wir Zeugen, wie diese fremden Leute für die Zukunft unseres Ortes sorgten und für den Ausbau der Infrastruktur.
Man hat sie nicht als lästige Eindringlinge betrachtet, aber etwas exotisch sind sie den Leuten schon erschienen, weshalb auch wenig mit ihnen gesprochen wurde. Wer was wissen sollte, fragte die Vorarbeiter. Und das sind natürlich Deutsche gewesen.
Dass es also doch noch eine Welt über den Donnersberg hinaus geben musste, das war mir jetzt sonnenklar. Und alle erlebten diese Horizonterweiterung mit ungläubigem Staunen und mit Respekt. Denn die quirligen Männer waren offensichtlich keine Faulenzer. Es gab damals noch viel mehr Handarbeiten zu erledigen als auf den Baustellen heute. Und das beherrschten sie mit Hingabe und guter Kondition.

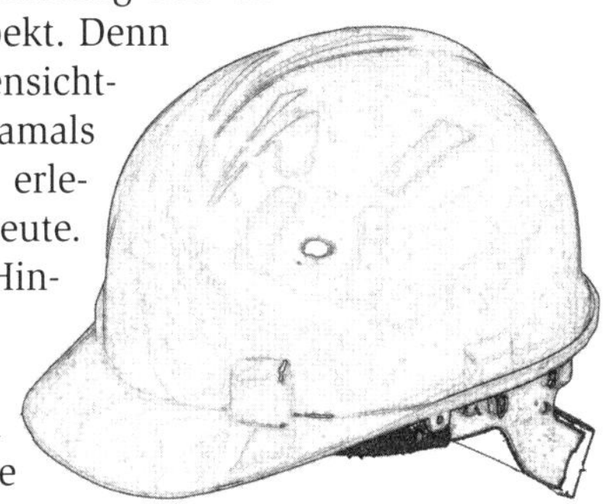

Wir hatten damals keine Ahnung, wohin die Abends zum Schlafen gegangen sind, wo sie wohnten, wie sie das freie Wochenende verbrachten und ob sie dann besonders großes Heimweh hatten.
Schließlich waren sie auch nach dem Abschluss der Straßenbaumaßnahmen von heute auf morgen wieder verschwunden.
Ich war traurig damals. Als sie weg waren, sind wir wieder ganz unter uns gewesen. Und irgendwie hatte ich den Eindruck, dass uns das Fremde im Raum des Vertrauten doch ganz gut getan hat.

Hagelschlag und Flurbereinigung

Es sind zwei besondere Ereignisse im Dorf passiert, bei denen ich das stärkste Ausmaß von Emotionen erlebt habe. Es ist ja nicht unbedingt das hervorragende Kennzeichen der 1960er Jahre gewesen, einander in der Nordpfalz Gefühle zu zeigen. Das Leben war auch so schon hart genug.

Aber bei zwei besonderen Ausnahmezuständen sind doch die Dämme der Zurückhaltung gebrochen. Und ich habe massiv erlebt, wie es ist, wenn ein Dorf weint und wenn ein Dorf wütend ist. Beides hat mich stark beeindruckt. Und ist mir präsent geblieben bis heute.

Am 17. Juni 1966 ist am späten Nachmittag ein gewaltiges Gewitter über unser Dorf Breunigweiler am Donnersberg gezogen. So gewaltig, so viel Blitz und Donner und vor allem so viel Hagelschlag hatte ich bis dahin nicht erlebt. Und am Donnersberg hat es öfter gedonnert. Ist ja klar.

Aber an diesem Tag wurde alles getoppt, was ich an Unwetter kannte. Die Hagelkörner sind groß wie Zwetschgen und Hühnereier gewesen. Sie lagen im Hof und auf der Straße zentimeterhoch. Es krachte auf den Dächern so laut, dass man sein eigenes Wort nicht mehr verstand. Es sind nur Minuten gewesen. Aber die haben gereicht, um alles, was im Garten, auf den Feldern und Wiesen gewachsen war, komplett dem Erdboden gleich zu machen.

Die Leute sind nach dem Abklingen des Gewitters langsam tastend rausgekommen aus den Häusern, um wie nach einem Bombenangriff (so stellte ich mir das jedenfalls vor) nach Überlebenden zu suchen.

Auch wir waren auf den Beinen. Man schritt durch Wasser und Eis, es war gespenstisch ruhig jetzt auf einmal und nach und nach sah man das unfassbare Ausmaß der Zerstörung. Kein Grashalm hatte überlebt. Keine Ähre stand noch aufrecht. Kein Maiskolben war mehr übrig. Die Gemarkung war platt gewalzt, so als hätte in diesem Jahr kein Bauer einen Fuß auf sein Feld gesetzt.
Besonders bitter war der Augenblick, da man an die Grenze kam, bis wohin das Unwetter gewütet hatte. Und das ist schon gespenstisch gewesen. Denn wie mit einem Lineal grade gezogen verlief die Grenze zwischen völlig zerstörter und absolut unversehrter Gemarkung.
Und da habe ich auf einmal die Männer weinen sehen. Da gabs kein Halten mehr.
So unfassbar willkürlich hatte es ausgerechnet unser Dorf getroffen. Ringsherum in den Nachbardörfern herrscht ungebremste Ahnungslosigkeit. Aber bei uns würde kein Erntewagen mehr in diesem Jahr aus seinem Hof fahren, um Heu, Stroh oder Rüben heimzuholen.

Noch wusste niemand, wie die Hagelversicherung reagieren würde. Alle hatten eine. Schon allein aus Solidarität. Aber es hat viele Wochen gedauert, bis alle Schäden aufgenommen und geschätzt worden waren, um die Höhe des Schadenersatzes zu ermitteln.
Und natürlich kam es jetzt auch zu Neid und Streit, weil jetzt diejenigen belohnt wurden, die Feld und Flur fahrlässig unterversorgt und schlampig bestellt hatten. Die hatten die „beste Ernte“ ihres Lebens, weil ihr wirklicher Ertrag weit unter dem erstatteten Versicherungsbetrag ge-

legen hätte. Und um das zu bekommen, hatten sie noch nicht einmal ernten müssen.
Diese Aufregung aber ist noch nichts gegen das Erbeben, das die Flurbereinigung flächendeckend ausgelöst hat. Vom staatlichen Kulturamt initiiert, von führenden Bauernverbandspersönlichkeiten gefördert und gefordert, kam das Gespenst um die Ecke, war plötzlich in der Welt.
Die Bauern diskutierten auf Teufel komm raus. Und als er dann tatsächlich raus kam, war im Dorf nichts mehr wie zuvor.
Es wurden Bodenproben entnommen. Aus jedem Betrieb mussten Leute bereitgestellt werden, die mit den sogenannten Schätzern quer durch die Gemarkung gingen, immer zwei miteinander, alle 100 Meter ein Paar. Onkel Otto und ich waren die Vertreter unserer Familie. Wir waren ein gutes Team. Das hatten wir ja schon hinlänglich auf dem Sackstand des Mähdreschers über Jahre eingeübt. Jetzt bewährte es sich ein letztes Mal.
Ich trug ein halboffenes Rohr, etwa einen Meter lang, der Otto einen Schlaghammer. In gleichen Abständen hielten wir auf ein Zeichen der mitlaufenden Männer vom Bauernverband und der Wormser leitenden Behörde an, ich steckte das Rohr in den Erdboden, der Onkel trieb es mit dem Hammer bis tief hinunter, dann wurde es mit vereinten Kräften gedreht und mühsam wieder rausgezogen. Nun war es gefüllt mit den verschiedenen Erdschichten, die etwas über die Qualität bzw. Fruchtbarkeit des jeweiligen Ackerlandes aussagten.
Mit dem Rohr ging man jetzt in die Mitte der wandernden Kolonne, wo sich die Schätzer mit Papier und Stiften bereithielten, um die Bodenbeschaffenheit in Augenschein zu nehmen und zu taxieren. Mit diesen erhobenen Daten ausgestattet wurde dann am grünen Tisch später die Neuzuteilung der Flächen vorgenommen.
Und das hatte Sprengkraft ohne Ende.

Natürlich sahen die meisten Leute ein, dass die allmähliche Zerstückelung der bebauten Flächen immer mehr zu Schwierigkeiten bei der Bearbeitung führte. Von Generation zu Generation hatte man unter den Geschwistern gerecht aufgeteilt. Bis es nur noch kleine Parzellen waren, auf den mitunter der Traktor kaum noch wenden konnte, ohne dem Nachbarn durchs angebaute Feld zu fahren.
Es musste etwas geschehen. Aber bitte so, dass es niemandem wehtat. Und das war eben unmöglich.
Die Leute hatten sich den Erwerb so manchen Ackers an dem Mund abgespart. In langer Ratenzahlung abgestottert, bis die paar Hektar endlich ihr Eigentum waren. Dann hatten sie die Steine aufgelesen, das Unkraut bekämpft, den Boden gehegt und gedüngt, viel Mist gefahren und auf gute Erträge mitunter lange gewartet.
Und jetzt, da der Acker in Bestform bereit war, sich bezahlt zu machen, kamen die da Oben ahnungslos in das Dorf eingefallen und nahmen den Leuten das wieder weg, was sie sich mit Müh und Arbeit angeeignet hatten.

Der eigene Boden ist das persönliche Hoheitsgebiet, daran hängt das Herz. Vor allem bei den Alten kam die Unruhe ungebremst zum Ausbruch. Sie reagierten auf diese übergriffige Behördenschikane wie auf einen geradezu revolutionären Eingriff in ihre Privatsphäre. Es war für sie tendenziell eine Enteignung, obwohl sie für ihren guten alten Acker womöglich ein viel größeres Stück wenig schlechteren bekamen, obwohl alle Feldwege neu angelegt und alle Wassergräben neu ausgehoben wurden.
Die ganze Gemarkung wurde zukunftsfähig gemacht, aber für die Leute ging die Welt unter und die Kränkung hat mindestens zwei Generationen krank gemacht. Es hat lange gedauert, bis darüber Gras gewachsen ist. Und es ist bei weitem nie mehr so grün gewesen wie all die unbereinigten Jahre zuvor.

Namensschilder

Nach den Sommerferien 1968 sollte ich in das Aufbaugymnasium nach Kaiserslautern gehen.
Mit elf Jahren zuhause ausziehen, das ist schon sehr gewagt gewesen. Aber es gab nun einmal keine gute Busverbindung damals, also gab es auch wirklich keine andere Lösung.
Noch ahnte ich nicht, wie wertvoll dieser Abstand vom Elternhaus für mich werden sollte und wie prägend das Zusammenleben im Internat.
Allerhand Vorbereitungen mussten in den Ferien getroffen werden. Dazu gehörte u.a. das Markieren sämtlicher Kleidung und Wäsche. Im Nachbarort gab es ein Geschäft, in dem man den Bedarf für das häusliche Nähen und Stricken kaufen konnte. Dorthin sind wir gefahren und Mutter hat meinen Namen gleich hundertfach bestellt. Zwei Wochen später haben wir ein Baumwollband abgeholt, das ungefähr so breit wie zwei Schnürsenkel gewesen ist und wo mit rotem Garn mein Vor- und Zuname drauf genäht worden war. Ludwig Burgdörfer. In Endlosschleife.
Ich war davon schwer beeindruckt. Irgendwie unheimlich war mir das Ganze. Es schien merkwürdig überproportional, meine Bedeutsamkeit zu übertreiben. Ich hatte noch nie so eine Rolle gespielt. Ich und mein Name sollten jetzt also zusammen in die weite Welt hinausziehen …
In den darauffolgenden Tagen sah ich Mutter immerfort am Küchentisch sitzen und mit konzentrierter Aufmerksamkeit diese schmalen Namensetiketten nacheinander vom Band abzuschneiden, um sie auf Handtücher, Unterwäsche, Hemden und Hosen, Socken und sogar Taschentücher mit der Hand einzunähen.
Abgesehen davon, dass mir dieser Aufwand schon einigermaßen peinlich gewesen ist, hat mich diese angebliche Notwendigkeit der Markierung sämtlicher Klamotten doch

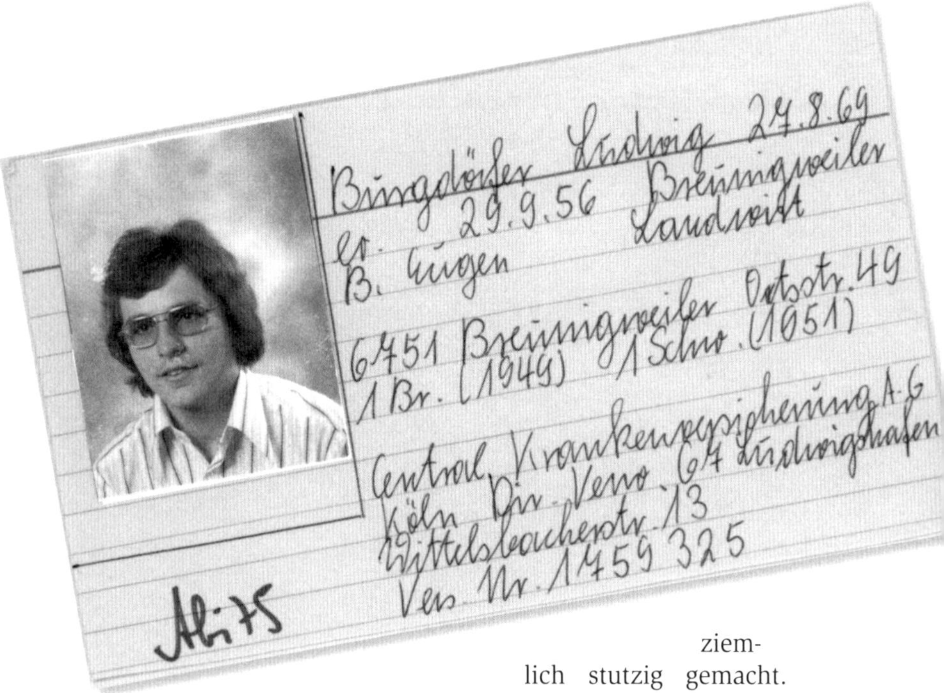

ziemlich stutzig gemacht. Was musste das für ein Chaos sein, in das sie mich da bringen wollten.

„Damit auch nichts weg kommt!" hat Mutter immer wieder erklärend gesagt. Ich wusste ja schon, dass viele Buben von elf bis 18 Jahren im Internat wohnen und dass ich mein Zimmer mit drei anderen würde teilen müssen. Aber dass man dabei in einer solchen Gefahrenzone landet, in der man sich seiner Taschentücher nicht sicher sein konnte, das hat mir dann doch Angst gemacht.

So war also dieser Vorlauf ziemlich aufregend.

Die sechs Wochen als letzte Schonfrist vor dem Trubel waren eine einzige Fieberkurve. Und dann waren alle Taschen gepackt.

Neue Bettwäsche gab es auch. Grün mit Blümchen, weiß ich noch. Neue Hausschuhe, damit ich einen guten Eindruck mache, hieß es. Neue Zahnbürste und einen Beutel, in dem meine ganze Kultur drin war. Unfassbar.

Nie vergessen werde ich den Anreisetag. Als wir losfuhren, hätten wir uns genauso gut bei Peterchens Mondfahrt anschließen können. Diese Dimension von „aus der Welt" reisen hatte der Aufbruch für mich tatsächlich.
Und als wir dann endlich unterwegs gewesen sind, ist meinen Eltern kurz hinter Enkenbach, also nach gut der halben Strecke, eingefallen, dass sie irgendwelche unverzichtbaren Papiere zuhause hatten liegen lassen. Also mussten wir noch einmal umkehren, zurück nach Breunigweiler, um das vergessene Formular zu holen.
Diesen Fehlstart hätte ich beinahe nicht überlebt. Es hätte nicht viel gefehlt und ich hätte meinen Namen nicht mehr gewusst. So aufgeregt kam ich im Dunkeltälchen an.
Aber ich konnte ja nicht verloren gehen, mein Name stand ja sogar auf jedem Waschlappen.

Latein ante Portas!

Als Student ist er in einer schlagenden Verbindung gewesen. Den „Schmiss“ im Gesicht trug er stolz wie eine Trophäe und ansonsten mit Fassung, dass uns das scheinbar überhaupt nicht beeindruckte.
Er war unser Klassenlehrer von Anfang an. Wir hatten ihn in Latein und Geschichte. Das hat sich wunderbar ergänzt. Er konnte ganz leicht mit ein paar Fragen zum Erzählen verlockt und damit vom Unterricht abgelenkt werden und wir genossen es, erstens von Latein verschont zu bleiben und zweitens seinen Geschichten gebannt zu lauschen.
Nie werde ich vergessen, wir er uns vom trojanischen Pferd so anschaulich erzählte, dass ich es regelrecht ins Klassenzimmer reinkommen sah und den Atem anhielt, ob die darin versteckten griechischen Soldaten auch wirklich nicht frühzeitig entdeckt werden würden.
Er war von so wunderbarer Güte und Freundlichkeit, dass uns seine Strenge überhaupt nicht wehtat, wenn sie denn mal aufblitzte. Er bezeichnete sich selbst als „bekennenden Atheisten“, was für mich eine komplett neue Spezies war.
So einem Menschen war ich zuvor nie begegnet.
Zum erstenmal in meinem Leben hörte ich, wie jemand den christlichen Glauben ad absurdum führte. Das Liebesgebot der Bergpredigt zum Beispiel bezeichnete er als völlig überlebensuntauglich. Von wegen „rechte Backe, linke Backe“, sich also wehrlos dem Feind ergeben, dafür hatte er nur ein mitleidiges Lächeln übrig.
„Der Krieg ist der Vater aller Dinge“! Mit diesem Zitat des griechischen Philosophen Heraklit brachte er mich total aus der Fassung. Ich geriet zum erstenmal durch seine provozierenden Ansichten in Rage. Und das ließ er zu. Ja,

heute weiß ich, dass er daran geradezu seine helle Freude gehabt haben muss.

Ich hatte erstmals die Gelegenheit, mich mit jemanden zu streiten, der mich als Gegenüber ernst nahm und mir zuhörte, wenn ich mit bebender Stimme um den Erhalt meines Glaubensgebäudes kämpfte, dessen Architektur mir selbst ja noch so fremd war.

Atheistische Argumentation ertragen lernte ich erstmals bei ihm. Ganz ohne Aggression. Ohne Verachtung. Respektvoll ungläubig sein. Dass es so etwas überhaupt gab.

Noch nie zuvor war ich so dermaßen sachlich und rational auf Widerspruch gegen meine Gottgläubigkeit gestoßen. Meine religiöse Sozialisation hatte mich nie in die Nähe eines so fundamentalen Zweiflers gebracht.

Jetzt erfuhr ich erschüttert und ernüchtert zugleich, dass es sehr wohl ganz normale Menschen zu geben schien, die erklärtermaßen nicht an Gott glaubten. Bis dahin hatte ich Kirche und Glaube für quasi alternativlos gehalten.

Und jetzt kam so ein lieber Mann daher und mutete mir zu, ohne Gott sehr gut klar zu kommen. Diese Anfechtung hat mich nachhaltig beeindruckt.

Unsere erste Klassenfahrt nach Garmisch begleitete er mit stoischer Ruhe und Gelassenheit. Unsere ersten Trinkgelage belächelte er souverän. In seiner Nähe gab es niemals eine Ausfälligkeit oder mangelnden Respekt. Disziplinprobleme hatte er mit uns keine, weil es uns wie eine Majestätsbeleidigung vorgekommen wäre, ihn zu enttäuschen.

Seine altmodischen Ansichten, dass man zum Beispiel im Freien weder Essen noch Trinken noch Rauchen sollte,

Frauen in den Mantel half und ihnen die Tür aufhielt, erschienen uns merkwürdig museal, aber keinesfalls lächerlich.
Seine Präzision, mit der er uns die systematisch gut geordnete Grammatik der lateinischen Sprache beibrachte, hat mich später beim Erlernen von Hebräisch und Griechisch gleich mehrfach vor dem Untergang gerettet.
Und sein Spezial-Motto ist mir fürs Leben erhalten geblieben: „Ut desint vires tammen est, laudanta voluntas!“ Wenn auch die Kräfte fehlen, allein der Wille ist zu loben!

Bier und Bonhoeffer

Als ich meinen Heimleiter zum erstenmal im Internat sah, war er gerade dabei, die Fische im großen Aquarium zu füttern. Das stand nämlich direkt im Eingangsbereich des Jungenwohnheims und verbreitete eine merkwürdig anrührende Stille. Er konnte sich lange davor aufhalten und uns die Fische erklären und ihr Verhalten dazu.
Und so wie er sein Aquarium hegte und pflegte, so kümmerte er sich auch um uns. Wir sollten uns wohlfühlen, wie die Fische im Wasser, aber auch nicht weiter rausschwimmen als es das Becken erlaubte.
Ich habe seine väterliche Ausstrahlung genossen, seine gelegentlichen Disziplinarmaßnahmen aber auch gefürchtet. Besonders beeindruckt hat er mich erstmals, als er mich mit dem Sprechen des Tischgebetes vor dem gemeinsamen Mittagessen im Speisesaal beauftragte.
Irgendwie hatte er schon früh mein Talent zur Liturgie erkannt. Wie sonst war dieses herausragende Ehrenamt zu erklären. Ich bezahlte dieses Privileg allerdings mit dem regelmäßigen Verzicht auf meine Fleischportion, die bei Rückkehr zu meinem Platz immer schon von den anderen Schurken verzehrt worden war.
Nach zwei vegetarischen Jahren allerdings kam ich an einen Tisch mit fünf Mädchen zu sitzen, die allesamt kaum Fleisch aßen, und wurde dann mit üppiger Wiedergutmachung für das Durchhalten der Entbehrungszeit belohnt.
Später dann wurde das Tischgebet durch einen Gongschlag ersetzt. Die Säkularisierung war nicht mehr aufzuhalten. Es waren die wilden 1968er Jahre. Da wurde nicht mehr so viel gebetet.
An einem Abend in der Woche hatten wir im Internat für gut eine Stunde sturmfreie Bude. Das war die Zeit, in der unser Heimleiter zusammen mit seinem Freund den KOMMISSAR schaute. Das ist die deutsche Fernsehkrimiserie

mit Erik Ode in der Titelrolle gewesen. Ab 1968 wurde sie in schwarz-weiß ausgestrahlt und erfreute sich enormer Beliebtheit. In die Mordgeschichten war das Zeitkolorit geschickt eingebaut.

Viele soziale Brennpunkte jener Zeit, Generationenkonflikte, aufkommender Drogenkonsum, Wandel der Jugendkultur, aktuelle Musik, alles kam vor und machte die Serie total attraktiv.
Der Kommissar selbst war von bestechender Souveränität und autoritärem Gehabe, was als Zeitdokument wirklich bis heute beeindruckt. Das jedenfalls war für unseren Heimleiter eine so anziehende Unterhaltung, dass er tatsächlich komplett abtauchte und uns freie Bahn ließ. Das wussten wir kreativ zu nutzen. Nicht aber, ohne auf die Uhr zu schauen und uns auf den nachfolgenden Kontrollgang rechtzeitig einzustellen.
Einmal sind wir nachts durch das Toilettenfenster ausgestiegen, um auf den Lauterer Maimarkt zu gehen. Die glorreichen Sieben. Wir waren 16 Jahre alt und ziemlich wild. Einigermaßen betrunken kamen wir nach Mitternacht zurück, stiegen wieder durchs Fenster ein, wo uns mit verschränkten Armen und kritischem Blick unser Heimleiter bereits erwartete.
Er bat uns in sein Büro mitten in der Nacht, ließ uns vor seinem Schreibtisch endlos lange stehen und erzählen, woher wir kamen. Einem von uns fiel derweil eine Flasche Bier auf den Boden und zerschellte direkt vor den Füßen des Chefs. Das brachte uns allen einen sogenannten „Blauen Brief“ an die Eltern ein, was in meinem Falle zu erheblichen Nachfragen und Vorwürfen geführt hat.

Meine Eltern schämten sich sehr intensiv für mich. Das war bitter.
Klare Regeln, Strenge und Transparenz waren die Qualitätsmerkmale im Internat. Inklusive des Survival-Trainings im Viererzimmer über all die Jahre, was uns alle geprägt und sozialisiert hat.
Neben der klaren Hausordnung, Arbeitszeiten, Ausgangsregelungen und Fernsehabenden gab es aber auch Vollversammlungen mit geistlicher Nahrung. So habe ich zum erstenmal Dietrich Bonhoeffers Gedicht „Von guten Mächten" von unserem Heimleiter gehört – und hatte Gänsehaut, die mich bis heute mit diesem Text verbindet.
Er hat mir verantwortliche Aufgaben übertragen, ließ mich die Getränkeautomaten selbstständig betreuen, machte mich zum Präfekten und Mitarbeiter im sogenannten Heimrat.
Und er ist mir zum Seelsorger geworden in Zeiten, in denen Tod und Sterben in meiner Familie meine ersten Weltuntergänge inszenierte. Ich verdanke ihm sehr viel.
An meinem 60. Geburtstag haben wir uns im Internat noch einmal wiedergetroffen. Im Dunkeltälchen 65. Er konnte sich nicht mehr richtig an mich erinnern. Auch nicht an Bier oder Bonhoeffer. Ich nehme das als gutes Zeichen, trotz blauem Brief …

Geburtstag

Es sind nie große Feste gewesen, wenn ich Geburtstag hatte als Kind. Nein, da haben sie mich nicht verwöhnt. Auf unserem Bauernhof gab es sowieso wenig zu feiern. Die Leute sind fromm und fleißig gewesen und ernst vor allem. Geburtstage kamen zwar vor, gelegentlich, aber sie waren kein Grund für eine Unterbrechung der Normalität. Kleines Geschenk, Kuss und Schluss. Keine Feier, keine Gäste, kein Aufhebens. Trotzdem wurde anständig gratuliert und ein bisschen anders hat sich der Tag schon auch angefühlt.
Und dann bin ich ins Internat gekommen. Mit elf Jahren. Einigermaßen heimwehkrank habe ich das Zusammenleben mit drei anderen Jungs auf einem Zimmer gelernt. Jeder hatte seine Ecke mit Bett, Schrank und Schreibtisch. Gemeinsam aufstehen, Zähne putzen, Hausaufgaben erledigen, Unterricht, Freizeit, Sport und Spiel. Überlebenstrainung fürs Leben. Wertvoll und anstrengend zugleich. Mehr als 150 Kinder im Speisesaal, aus jeder Klassenstufe ein Kind an jedem Tisch. Feste Sitzordnung, klare Hierarchie.
Und das Besondere am ansonsten klar strukturierten Alltag war die Kerze, die brannte jeweils an dem Platz, an dem jemand saß, der Geburtstag hatte. Bei jeder Mahlzeit, dieses Licht. Manchmal ein Ständchen, allemal ein Gratulieren und freches Scherzen – und irgendwie wichtig sein. So habe ich das beobachtet ein ganzes halbes Jahr. Bis der September kam und mein Geburtstag sich näherte. Es würde

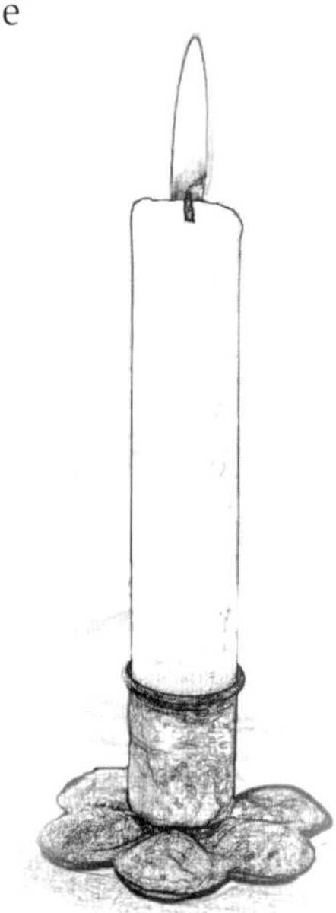

mein erster Geburtstag sein, an dem ich nicht zuhause sein kann, mit ohne Kuss und Schluss.
Ich fieberte dem Morgen des 29. Septembers entgegen, an dem es so weit war. Mein 12. Geburtstag. Ich konnte es kaum abwarten, bis es Zeit zum Frühstücken war.
Auf dem Weg zum Speisesaal schlug mein Herz vor Aufregung bis zum Hals, um beim Betreten es Raumes schlagartig stehen zu bleiben, weil da keine Kerze war an meinem Platz. Definitiv nicht.
Ich konnte mich umschauen, wie ich wollte, es war da weit und breit keine einzige Geburtstags-Feierlichkeits-ich-bin-heute-wichtig-Kerze zu sehen.
Es kostete mich allerhand Kraft, meine Enttäuschung nicht zu zeigen. Den Tränen nahe schlich ich auf meinen Platz und fühlte eine wahnsinnige Leere. Es brannte schmerzhaft in mir drinnen. So einsam und mutterseelenallein hatte ich mich noch nie zuvor gefühlt.
Stell dir vor, du hast Geburtstag und keiner weiß es, niemand denkt daran, keiner gratuliert. Es ist einfach ein Tag wie jeder andere. Und das ändert sich auch nicht bis zum Mittagessen. Kein Geburtstag am Geburtstag. Man kann sich nämlich nicht wirklich selbst gratulieren. Das ist ein Irrtum, Selbstbetrug, dummes Zeug.
Bis zum Abend war ich völlig zerstört und entmutigt. In meiner Erinnerung habe ich auch den ganzen Tag kein Wort gesprochen, kaum was gegessen und womöglich auch nicht geatmet. So ganz genau weiß ich es jetzt auch nicht mehr. Und es ist der Tag auch schon so gut wie zu Ende gewesen. Wir waren auf den Zimmern, das Programm war abgespult.
Da ging auf einmal die Tür auf, meine Eltern, meine Schwester und meine Oma standen da, waren direkt vom Himmel gefallen und strahlten mich an, sichtbar stolz darauf, dass ihnen die Überraschung zu gelingen schien, so angewurzelt und sprachlos wie ich da stand, so dermaßen durchströmt vom Glück, dass ich jetzt endlich doch völlig

außer Fassung geriet und weinen musste, überwältigt von Gefühlen der Geborgenheit des doch noch geliebten Kindes. Es gab Kuchen für alle im Zimmer und ein ausgesprochen heiteres Hallo allerseits.
Der Besuch war nur kurz, aber er bleibt auf Lebenszeit in Erinnerung. Mein beinahe vergessener Geburtstag und die späte Rettung in höchster Not.
Seitdem bestehe ich alljährlich auf Kerzenschein und Geburtstagsparty. So etwas darf nicht noch einmal passieren. Auf keinen Fall.
Da fällt mir wirklich nichts mehr ein, am Geburtstag brauch ich Kerzenschein!

Meine Konfirmation

„Werd' du erst einmal konfirmiert!" sagte meine Mutter immer wieder, wenn es galt, mir Grenzen aufzuzeigen. Was abends weggehen oder Freundin anbelangte, so war die Konfirmation die Mindestanforderung, der man zu genügen hatte, wenn in der Richtung irgendetwas denkbar sein sollte.

Die Konfirmation als Schallmauer. Sie zu durchbrechen, war im Bewusstsein meiner Eltern so etwas wie der Initiationsritus ins wirklich wahre Leben. Und in der Tat hatte diese Zäsur in ihrer Biografie genau diese enormen Schwellenwert.

Darum waren die beiden Aussagen: „Ich komme aus der Schule!" und „Ich werde konfirmiert" synonyme Aussagen. Mit der Konfirmation starteten sie in das Erwachsenenleben. Diese Bedeutung war bei mir schon nicht mehr relevant, aber abgespeichert bei den Vorfahren.

Trotzdem konnte auch ich eine deutliche Veränderung spüren. Schon bei meinen Geschwistern haben die Eltern das bevorstehende Fest jeweils zum Anlass für Renovierungen und Neuanschaffungen genutzt. Neue Wohnzimmermöbel, gutes neues Geschirr, neue Tapete, so etwas wurde vor der Konfirmation auf den Weg gebracht. Denn da kam so viel Besuch ins Haus wie sonst nie. Und so wurden auch anlässlich meiner Konfirmation ein neuer Raum eingerichtet, in dem dann auch das Fest gefeiert wurde.

Neben dem Streit um die Länge der Haare und dem widerwilligen Tragen des ersten Anzugs mit Fliege gab es eigentlich keinen Stress. Der Konfirmationsgottesdienst fand in der Protestantischen Kirche zu Sippersfeld statt. Der Einzug mit der ganzen Gruppe und den Mitgliedern des Presbyteriums ist schon erhebend gewesen.

Am meisten aber hat mich die Einsegnung berührt. Das Niederknien hatten wir extra am Samstag nochmal geübt, aber es war dann doch ganz anders. Ein heiliger Moment.

Vorher die Verlesung meines Konfirmationsspruches: *„Trachtet zuerst nach dem Reich Gottes und nach seiner Gerechtigkeit, so wird euch alles andere zufallen.“*

Ich habe später in all den Jahren als Gemeindepfarrer den Konfirmandenunterricht stets als größte anzunehmende Herausforderung empfunden. In keinem anderen Arbeitsfeld schien das Missverhältnis von investierter Zeit und Kraft und dem daraus sich ergebenden „Erfolg“ so niederschmetternd defizitär zu sein.

Aber egal, wie sehr mich die pubertierenden Rätsel an den Rand der Verzweiflung gebracht hatten, am Tag der Einsegnung, wenn sie niedergekniet haben und ich meine Hände vorsichtig auf ihr gegeeltes Haupt legte und ihnen Gottes Segen zusprach, immer und immer hatte ich den Eindruck, dass die Himmelstür sich einen kleinen Spalt breit öffnet. Und die jungen Leute haben das gespürt. Das wusste ich seit dem Tag meiner eigenen Konfirmation.

Ich habe niemals zugelassen, dass mir dieser magic Moment zur bloßen Oberflächlichkeit entgleitet. Der Segen ist eine Himmelskraft. Und diese gottvollen Augenblicke, in denen uns Gott zuwinkt, tragen unser ganzes Leben.

Nach dem Gottesdienst kam der Fotograf und hielt für immer fest, wie wir damals ausgesehen haben.

Danach gab es das traditionelle Festessen mit einer Markklößchensuppe vorneweg, dann Rindfleisch mit Meerrettichsoße und Weißbrot. Und als Hauptgericht einen

Rollbraten mit Rotkohl und Kartoffeln. Als Nachtisch gabs Pudding.
Zum Nachmittagskaffee ist auch unser Pfarrer gekommen. Das ist eine besondere Ehre gewesen. Seine Zigarre roch sensationell. Gesprochen hat er nur mit den Erwachsenen. Trotzdem hatte ich schon den Eindruck, als Hauptperson des Tages absolut im Mittelpunkt zu stehen, was nicht nur ungewohnt, sondern auch außerordentlich anstrengend gewesen ist.
Sensationell fand ich die Geschenke. Vorneweg von meinem Patenonkel die Urlaubskamera des Jahres, Kodak Instamatik, eine kleine Kamera mit einer Filmkassette und Blitzwürfeln. Mit ihr sollte ich auf meine ersten Fahrradtouren gehen. Daneben als absolute Überraschung von meinen Eltern: ein kleines Radio, das anschließend mit ins Internat ziehen durfte. Von unserer Nachbarin, die uns ansonsten fast täglich besuchte und Gedichte vortrug, bekam ich einen kleinen Wandspruch mit dem Überlebenstipp schlechthin: „Immer wenn du denkst, es geht nicht mehr, kommt von irgendwo ein Lichtlein her!“

Schule ist auch Leben ...

Meine Schulzeit weiß ich heute als Lebenszeit sehr zu schätzen. Zwar möchte ich auf keinen Fall noch einmal dahin zurück, aber die Erfahrung lebenswerten Daseins in Internat und Schulbetrieb ist mir wertvoll und präsent.
Und das habe ich unter anderem meinem Musiklehrer zu verdanken. Der hat uns tatsächlich ein Stück Lebensfreude und Lust und Laune in den mitunter tristen Schulalltag gebracht. Sein Unterricht hatte echten Wellness-Charakter. Dabei haben wir durchaus anspruchsvollen Anforderungen gerecht werden müssen. Aber das hatte nie etwas mit Schikane oder Drill zu tun. Das war Begeisterung und Soundtrack für das Entdecken des Lebens.
Hinzu kam der Schulchor, der regelmäßig auf Freizeiten neue Stücke für Konzerte eingeübt hat. Und da sind wir wirklich zu einer Gemeinschaft zusammengewachsen, die weit über die Normalität des Schulalltages hinausreichte.
Diese Erfolgserlebnisse, diese wunderbaren Kollektiverfahrungen haben vieles wettgemacht, was uns ansonsten im Schulalltag Mühe bereitet hat. Die Musik ist einfach unschlagbar gut, wenn es um die Bewältigung von Unsagbarem geht. Sang- und klangvoll sind wir aufgeblüht in diesem Tönen der Lieder.
Das hatte zur Folge, dass ich immer mehr Vertrauen zu diesem Musiklehrer aufbauen konnte, bis dahin, dass ich allen Mut zusammen nahm und ihm meine ersten Gedichte zeigte. Ich schrieb mir nämlich im Internat seit Jahren heimlich meinen Kummer von der Seele. Und weil ich wusste, dass unser Musikus auch ein Schreiber ist, ein erfolgreicher noch dazu, habe ich mich ihm mit meinen Erstlingswerken wagemutig anvertraut.
Das brachte mich mit ihm in einen unverwechselbaren Dialog. Er lotse mich zu dem literarischen Verein der Pfalz, nahm mich mit zu Lesungen und sorgte schließlich

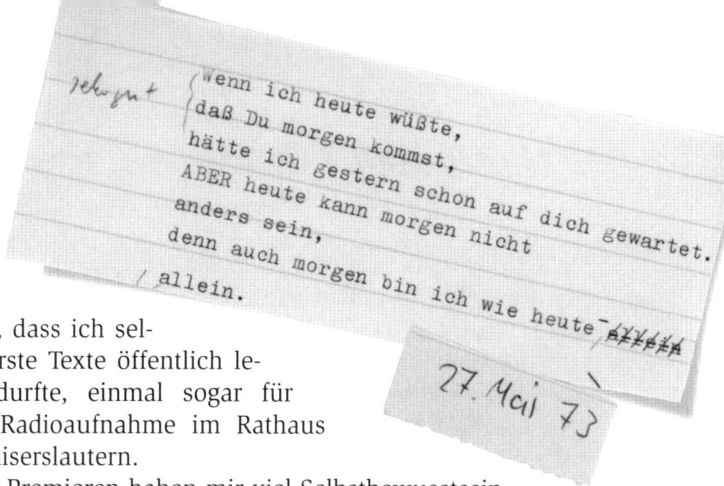
sehr gut

Wenn ich heute wüßte,
daß Du morgen kommst,
hätte ich gestern schon auf dich gewartet.
ABER heute kann morgen nicht
anders sein,
denn auch morgen bin ich wie heute
allein.

27. Mai 73

sogar dafür, dass ich selber erste Texte öffentlich lesen durfte, einmal sogar für eine Radioaufnahme im Rathaus zu Kaiserslautern.

Diese Premieren haben mir viel Selbstbewusstsein und Mut gegeben. Haben mir auch eine Welt jenseits der Schule aufgetan, haben mich Demut und Enttäuschung ebenso üben lassen wie Anerkennung und Förderung.

Tatsächlich habe ich noch die Originale meiner ersten Gedichte, die mir mein Förderer damals korrigiert zurückgegeben hat. Das erste Gedicht, das ich ihm schweren Herzens anvertraute, hieß: Defensive

„Ordne
die Steine,
die man nach dir wirft
und bau dir ein Haus
ohne Fenster."

Bei unserem Auswertungsgespräch über diese meine tief abgründige Sicht der Welt hat er mich geschickt in ein Gespräch über die Lebensfreude an und für sich verwickelt. Ich fühlte mich verstanden, ernst genommen, aber nicht bestätigt. Da fing ich an, Dank seiner Sensibilität und Wertschätzung, unterscheiden zu lernen.

Das zweite Gedicht, das ich ihm anvertraute, ist vom 27. Mai 1973. Es beginnt mit dem Dreizeiler;

„Wenn ich heute wüßte,
dass Du morgen kommst,
hätt ich gestern schon auf Dich gewartet …"

Und da hat er an den Rand als Kommentar „sehr gut" geschrieben. Davon zehre ich bis heute …

Keine bösen Onkels

Mein Vater hatte vier Brüder. Er ist der Jüngste gewesen. Die vier Größeren haben mich sehr unterschiedlich beeindruckt und auf ihre eigene Weise begleitet. So unterschiedlich, wie man sich das nur vorstellen kann.
Aber eines hatten sie alle gemeinsam. Sie waren gute Onkels. In einer Art unaufgeregter Arbeitsteilung haben sie mich je nach Neigung und Notwendigkeit jeweils mit den Eigenschaften beschenkt, die ihnen eigen waren. Und das sind regelrechte Bypässe gewesen für die Zufuhr von Erfahrungen, wie ich sie so in meinem Elternhaus nicht hätte machen können.
Man braucht also mindestens vier gute Onkels, um sich einigermaßen trotz und neben der Elternerziehung zurechtzufinden in der Welt. Und dazu haben die Vier exzellent beigetragen. Und zwar so:
Mein Petter, also Patenonkel, hat natürlich *Ludwig* geheißen und ist ebenfalls ein überzeugter Bauer gewesen wie mein Vater auch. Er ist überhaupt nur bereit für dieses Patenamt gewesen, als meine Eltern ihm zugestanden haben, dass ich seinen Namen trage. Er war ein stolzer Bauer und ein bisschen mit Gutsherrenart begabt, was dazu führte, dass es ihm immer wieder gelang, allerhand Personal im Dorf zu gewinnen, das ihn bei der anfallenden Arbeit auf Feld und Hof unterstützte. Es lag ihm, Befehle zu geben und einigermaßen furchteinflößend zu wirken. Im Grunde seines Herzens ist er aber ein ganz lieber Kerl gewesen, dem der Krieg und die böse Beinverletzung lebenslänglich derart gekränkt und zugesetzt haben, dass er sich nie davon wirklich freimachen und erholen konnte.
Wir ahnen ja gar nicht, was diese jungen Kerle an traumatischen Kriegsbildern ein Leben lang mit sich herumgetragen haben. Für sie ist der Krieg nie wirklich zu Ende

gewesen. Mein Petter hatte einfach immer Schmerzen und konnte zeitweise keinen Schritt ohne Stock gehen, was für einen Landwirt einigermaßen unmöglich ist. Das mag so manche Zorneswut erklären, unter der seine Umgebung mitunter stillschweigend gelitten hat.
Aber das war, wie bei so vielen Menschen, ja nur eine Seite von ihm. Er hatte auch andere. Zum Beispiel hatte er ein Herz für Kinder. Da hatte ich wirklich Glück mit meinem Petter. Er nahm sich sonntags alle Zeit der Welt, um allerhand Kinder in seinen kleinen Lloyd-Kombi zu packen und mit uns spazieren zu fahren. Manchmal saßen wir zu sechst aufgeschichtet da drin und es war abenteuerlustig schön.
Niemand sonst aus der Familie hat so etwas mit uns gemacht. Es hatte auch niemand sonst ein Auto zu dem Zeitpunkt. Mein Petter aber schon. Ich war stolz. Ist doch klar. Er hat nie meinen Geburtstag vergessen, solange die Oma noch lebte und ihn immer rechtzeitig daran erinnert hat. Zur Konfirmation hat er mir eine Kamera geschenkt. Niemand hat sich so verausgabt mit Geschenken. Er war großzügig.
Und er liebte Pferde. Das hat er mir vererbt. Bis ins hohe Alter ist er mit seiner Kutsche unterwegs gewesen und hat so manchesmal uns als junge Familie mit den kleinen Kindern rund um Breunigweiler kutschiert. Dass ich heute selber ein Kutscher geworden bin, das verdanke ich meinem Großvater und vor allem ihm.
Der Zweite ist der mit dem starken Willen gewesen. *Wilhelm*, mein Onkel aus der Stadt. Beruflich sozial engagiert, im Denken ziemlich radikal und konsequent für Gerechtigkeit, Umweltschutz, Menschenrechte. Zusammen mit seiner Frau vorneweg in der frühen Friedensbewegung, dem Aufbruch der Frauen, der Grünen, des Umweltbewusstseins. Ein Kämpfer vor dem Herrn.
Die Sonntagnachmittage im Wohnzimmer meines Elternhauses versprachen immer superspannend zu werden,

wenn sie zur Kaffeezeit auf den Hof fuhren und dann mit dem Rest der Familie zusammentrafen. Da habe ich zum erstenmal erlebt, wie die Erwachsenen sich streiten und wild diskutieren, obwohl oder weil sie miteinander verwandt sind. Politischer Diskurs und Streitkultur habe ich so kennengelernt. Das gab es sonst nicht bei uns zu Hause.

Und ich hatte auch den Eindruck, dass wir alle immer ein paar Tage brauchten, bis wir uns wieder von dieser Erschütterung im Wohnzimmer erholt hatten. Zumal es bei der Landwirtschaft wirklich geteilte Meinungen gab, was den Einsatz von Düngemittel, Pestiziden und sonstigen Umweltsünden gegeben hat. Damals schon.

Da sind dann Welten aufeinander geprallt. Und die Onkels hatten einfach das Problem, dass sie sich alle im Recht wähnten und nicht eher Ruhe geben wollten, bis alle anderen – und sei es vor Erschöpfung – nachzugeben bereit waren. Besonders delikat wurde es dann immer, wenn der Onkel Wilhelm zum Schluss noch auf das Abfüllen von Mist in Plastiksäcke bestand, die er dann auf dem Autodach stapelte und zum Entsetzen seiner ganzen Familie für die heimische Gartenarbeit nach Hause transportieren wollte.

Ich sehe noch den VW vor mir, wie der Saft aus den provisorisch verschlossenen Säcken über die Fenster herunterläuft und die Familie triumphal durch das Hoftor nach Hause aufbricht. Ökologie als Gesamtkunstwerk habe ich da exemplarisch vorgefunden. Das hat mich sehr beeindruckt.

Dann hat es ja auch noch den Onkel *Karl* gegeben. Er galt als das heimliche Oberhaupt der Burgdörfers. Schließlich war er ja auch der Älteste der fünf Brüder. Er ist zeitlebens kirchlich engagiert gewesen. Bis heute treffe ich auf Männer, die damals mit ihm als Landesjugendwart in der Nachkriegszeit auf Freizeiten unterwegs gewesen sind und erste wertvolle Erfahrungen von Gemeinschaft und

angstfreier Lebensfreude gemacht haben. Er ist schließlich Pfarrdiakon und dann Pfarrer geworden und das mit einer bemerkenswerten Gradlinigkeit und Echtheit, wie sie ihm eigen gewesen ist.
Ohne eine Spur von Pfarrherrlichkeit verstand er es, mit den Menschen auf Augenhöhe zu leben. Das Pfarrhaus war so offen, wie ich noch nie zuvor ein Haus erlebt habe. Ein Kommen und Gehen vor allem der Jugendlichen machte daraus ein Stop-and-go-Zentrum. Er und seine Familie schienen mir bedingungslos offen für die Menschen, die sich der Gemeinde zugehörig fühlten.
Mit 18 Jahren machte er mich zum Mitarbeiter bei Konfirmandenfreizeiten und behandelte mich wie einen erwachsenen Mann, dem er am Morgen sogar auf dem Weg zum Bäcker ein Päckchen Zigaretten mitbrachte, ohne mit der Wimper zu zucken oder mich auf die Risiken und Nebenwirkungen des Rauchens hinzuweisen. Moralisch ist er nie geworden. Belehrend auch nicht. Nur beeindruckend. Und das hat gereicht.
Wie fromm und gottvoll er gewesen ist, habe ich erst in seinen letzten Krankheitstagen erfahren, als ich mit ihm alleine am Bett saß und er mir von seiner Ausbildung

zum Diakon in Bethel erzählt hat und von seiner Einsegnung, von der er bis zuletzt innere Kraft bezog.
Und schließlich hat es noch den Onkel *Salomon* gegeben. Ich habe ihn nie gesehen, nie persönlich getroffen. Aber er war immer präsent. Dafür hat meine Oma gesorgt, die bis zu ihrem Tod darauf gewartet hat, dass der vermisste verlorene Sohn aus dem Krieg doch noch heimkommt. Er galt als vor Stalingrad vermisst. Und dieser Umstand hat sich als permanenter dunkler Schatten über die Familie gelegt.
Einerseits ist er wohl der ganze Stolz der Familie gewesen. So erfolgreich, so imposant, so voller Ausstrahlung. Und dann eben doch auch Opfer des ganzen Irrtums des „Dritten Reiches" mit sinnlosem Verlust des Lebens und aller Perspektiven, die ihm offenstanden als Hoffnungsträger der Familie. Es hat kaum einen Sonntagnachmittag gegeben, an dem unsere Oma nicht beim Kaffeetisch seinen Namen in Erinnerung gerufen hat.
Ihre nicht enden wollende Dauertrauer um den vermissten Sohn, von dem es noch nicht einmal ein Grab gab oder eine sichere Nachricht, ob es ihn womöglich doch noch gibt, hat uns alle geschmerzt und regelmäßig das Wohnzimmer überflutet. Erst seit kurzem wissen wir definitiv, dass er vor Stalingrad gefallen ist. Sein Name ist in den dortigen Archiven aufgetaucht. Zu spät für die Mutter, die bis auf das Sterbebett nach ihm Ausschau gehalten hat.
Dieser Onkel hat ohne sein Wissen meine entschlossene pazifistische Grundhaltung bis heute maßgeblich genährt und geprägt. Darum ist er auch für mich der vermisste Mahner geblieben.

Große Ferien – kleine Fluchten

Erste Probefahrten mit dem Fahrrad weit über die Dorfgrenze hinaus habe ich mit meiner Schwester und meinem Schwager gemacht. Die Beiden haben mich tatsächlich in den Sommerferien einmal mitgenommen, obwohl sie frisch verliebt gewesen sind und womöglich keinen kleinen Aufpasser gebraucht hätten.
Es ging den Rhein entlang bis zum Deutschen Eck nach Koblenz – und zurück. Übernachtung in Jugendherbergen. Besonders Ehrenbreitstein hat mich beeindruckt. Eine komplett neue Welt.
Obwohl das Radeln mit Gepäck und ohne Gangschaltung einigermaßen mühsam gewesen ist und zwischendurch auch noch eine Erkältung die Kondition schwächte, war dieses erste Abenteuer ein Schlüsselerlebnis.
In den folgenden Ferien habe ich mich jeweils mit Freunden wieder aufs Fahrrad geschwungen. Einmal Richtung Bodensee. Die Expedition endete allerdings schon im Schwarzwald. Da hatten wir uns einfach überschätzt und machten nach dem Titisee erschöpft und einigermaßen frustriert kehrt. Aber es ist trotzdem eine gelungene Mutprobe gewesen.
In den folgenden Jahren gehörten die sommerlichen Fahrradtouren zum Standardprogramm. Einmal ging es sogar ziemlich weit über Luxemburg bis nach Brüssel, zum Atomium, kolossal. Und zurück wieder am Rhein entlang. Gute zwei Wochen.
Währenddessen war zuhause Erntezeit. Hochsaison. Arbeit ohne Ende. Ich wusste das natürlich. Vor

dem Start habe ich auch nach Kräften mitgeholfen. Aber ich nahm mir das Recht, diese kleinen Fluchten anzutreten. Immer mit schlechtem Gewissen. Nie habe ich von unterwegs eine Karte geschickt. Es wäre mir schier unmoralisch und unverschämt vorgekommen, aus der Ferne als Faulenzer zu grüßen, während alle zu Hause im Schweiße ihres Angesichts auch meinen Lebensunterhalt erwirtschafteten.

Und so sind auch meine Landungen im heimischen Hof immer total unspektakulär abgelaufen. Die Tatsache, dass wir meistens am letzten Tag über 100 Kilometer eisern durchgestrampelt sind, um nicht noch eine Übernachtung außerhalb finanzieren zu müssen, hat dabei überhaupt keine Rolle gespielt. Unsere ganze heldenhafte Leistung, die mindestens das gelbe Trikot verdient gehabt hätte, wurde komplett ignoriert. Es war meistens am Abend, wenn alle mit der üblichen Stallarbeit beschäftigt gewesen sind. Da hat sich kein Empfangskomitee eingefunden, das uns auf der Zielgeraden angefeuert und hätte hochleben lassen. Völlig unbemerkt und ohne Applaus bin ich durch das Hoftor gerollt, habe das Fahrrad an der Treppe abgestellt, die Satteltaschen abgenommen und ins Haus getragen, um mich dann als Überlebensheld zurück ins Spiel zu bringen.

Das ging dann völlig ohne großes „Hallo!“ und „Da schau her!“ über die Bühne. Eher so, dass meine Mutter mir schnell ein paar Aufträge erteilte, was deutlich machte, dass allerhand Handlungsbedarf besteht, auch während meiner Abwesenheit im Übrigen erheblich bestanden hätte, und, dass es nunmehr an der Zeit ist, die lange

schuldig gebliebene Zuarbeit möglichst zügig nachzureichen.
Ich war immer froh, wenn es am nächsten Tag ganz normal weiterging und ich wieder als vollwertiges Mitglied in die Bauerhofgemeinschaft aufgenommen worden war. An ausführlichen Reiseerzählungen war nach meiner Erinnerung niemand wirklich interessiert.
Pausen, Urlaub, Ferienzeit sind mir zeitlebens irgendwie suspekt geblieben. So nachhaltig hat diese Kultur des Nonstop-Fleißes geprägt. Völlig schamlos nichts zu schaffen ist mir bis heute nicht wirklich möglich, ohne irgendwie das schlechte Gewissen von damals zumindest lebhaft zu erinnern.
Und wenn ich heute manchmal am Grab der Eltern stehe, ist mir so, als höre ich meine Mutter vorsichtig nachfragen, ob ich wirklich nichts anderes zu tun habe, als einfach so da rumzustehen. Und dann geh ich schnell los und fülle eine Gießkanne und bringe frisches Wasser zu den Blumen auf dem Grab.
Und dann ist es für einen Moment wieder gut. Hoffe ich zumindest ...

Reise, Aufbruch, neue Welten

Die Jahre im Gymnasium und Internat von 1968 bis 1975 sind eine einzige Horizonterweiterung gewesen. Neben dem durch den Internatsalltag eingeübten Selbstmanagement in Sachen Arbeitsernst, Disziplin, Pünktlichkeit und Ordnung hat man mir in der Zeit auch allerhand neue Welten zugemutet, die zu betreten immer auch die Tendenz zur Mutprobe hatte. Dabei haben nicht nur Lehrkräfte und Erzieherinnen ihr Teil beigetragen, sondern auch Mitschüler, Freundinnen, Zimmergenossen und besondere Umstände und Gelegenheiten.

Ich musste zuerst lernen, mit drei anderen Jungs in einem Zimmer zu leben. Abstand und Nähe, Privatheit und Freundschaft mussten eingeübt werden. Dabei gab es allerhand Kränkungen und Niederlagen. Aber auch beglückende Erfahrungen. Wobei das eine so anstrengend wie das andere sein kann. Unsere schulischen Leistungen waren ebenso offenkundig wie unsere sonstigen pubertären Krisen und Konflikte.

Klare Tagesstruktur vom Aufstehen um 6.30 Uhr auf Klingelzeichen, über Früharbeitszeit ohne Reden bis 7.20 Uhr. Dann Frühstück und Unterricht. Mittagessen, Ausgangszeit, Arbeitszeit zum Erledigen der Hausaufgaben, Abendessen, Zeit für Sport und Spiel. 22 Uhr Bettruhe. Das hat geprägt. War mal Geländer, mal Gefängnis. Mal Sicherheit und mal Schikane. Hat aber insgesamt als Konzept durchgetragen und fürs Leben konditioniert. Geblieben ist nämlich die Einsicht, dass es für alles einen Plan braucht, ein Konzept, eine Reihenfolge, ein To-do.

In diese Inkubationszeit wachsenden Lebens fielen allerhand epochale Erlebnisse, die im Kollektiv begangen ihren sicheren Platz im Gedächtnis haben. For ever! Drei Ereignisse hebe ich hervor, weil sie auf ihre Weise atemberaubend zeitgeschichtlich waren.

In der Nacht vom 20. auf den 21. Juli 1969 landete das amerikanische Raumschiff Apollo 11 auf dem Mond. Das ganze Internat wurde geweckt. Um 3.56 MEZ betrat der Astronaut Neil Armstrong als erster Mensch die Mondoberfläche und 500 Millionen Menschen rund um den Erdball sahen ihm dabei zu. Wir auch.
Nach einem beispiellosen Wettlauf der Großmächte inmitten des Kalten Krieges waren es am Ende doch die Amerikaner, die triumphal ihre Flagge dort oben hissten. Und Armstrongs Satz wurde legendär: „Ein kleiner Schritt für einen Menschen, aber ein gewaltiger Sprung für die Menschheit!“.

Und wir sahen und hörten zu und spürten, dass es da draußen mehr gab, als wir ahnen konnten. Unheimlich und unbegreiflich und aufregend ist das gewesen. Gut geschlafen hat danach kaum einer von uns. Augenzeugen der Weltgeschichte, die wir waren, müssen hellwach sein.
So eine Nacht und Nebelaktion hat es danach nur noch einmal

gegeben. Und zwar am 8. März 1971. Da fand um 3 Uhr in der Nacht der Boxkampf des Jahrhunderts statt. Und wieder saß das ganze Jungeninternat im Schlafanzug im Fernsehraum.

Der amtierende Schwergewichtsweltmeister Joe Frazier und der Ex-Weltmeister Muhamed Ali, beide bis dahin unbesiegt, traten gegeneinander an. In Zeiten des blutigen Vietnamkrieges und der aufgewühlten Bürgerrechtsbewegung in den USA standen die beiden sich auch stellvertretend für die rivalisierenden Lager „Schwarz gegen Weiß" gegenüber. Ali als Kriegsdienstverweigerer spaltete die Box-Fangemeinde wie kein anderer je zuvor. Er verlor. Beide verdienten mit dem Kampf 2,5 Millionen Dollar plus unseren geopferten Nachtschlaf als Zugabe.

Nur noch einmal sind wir alle als ganze Internatsgemeinschaft vor dem Fernseher gesessen. Das war im Speisesaal kurz vor dem Mittagessen am 27. April 1972. Da nämlich fand im Deutschen Bundestag in Bonn das erste konstruktive Misstrauensvotum gegen den damals amtierenden Bundeskanzler Willy Brandt statt.

Er war wegen seiner mutigen und für viele waghalsigen Ostpolitik schwerer Kritik ausgesetzt und der Oppositionsvorsitzende der CDU/CSU Fraktion Rainer Barzel wagte den Antrag auf Amtsenthebung, wie es das Grundgesetz vorsieht – bis heute. Es fehlten am Ende zwei Stimmen. Brandt konnte wider Erwarten Kanzler bleiben und wir endlich zu Mittag essen.

Am Puls der Zeit sind wir also gewesen, dort im Dunkeltälchen 65, im Wald in Kaiserslautern. In allen Lebensbereichen eroberten wir uns Neuland.
Wegen der vorgeschriebenen Feueralarm-Übungen gab es in jedem Schulhalbjahr eine Nachtwanderung, nachdem sie uns mit Sirenengeheul aus den Betten geholt hatten. Das geschah mit dem Mädcheninternat zusammen und diente der ersten allgemeinen Verunsicherung in Überdosis.

Im Stimmbruch und mit ersten Barthaaren geadelt lasen wir reihum die eigentlich verbotene BRAVO. Darin versuchte so regelmäßig wie vergeblich ein gewisser Dr. Sommer uns aufzuklären. Das ist ihm nie wirklich gut gelungen. Anderen auch nicht. Im Grunde hat das niemand wirklich mit uns getan. Bis heute nicht.
Das Einzige was uns wirklich rundum gelungen ist, war das Tragen von Bluejeans und langen Haaren.
Liebeskummer hatte ich reichlich.
Das lag vor allem daran, dass mich die Mädels eher als Kummerkasten schätzten, um sich mit mir über diejenigen zu unterhalten, die sie demnächst zu küssen erwogen. Ich war wie ein Spielerberater, der selber aber keinen Ball traf. Die Mädchen mochten mich und waren verliebt in die anderen. Das ist die tiefe Quelle für unendlich abgründige Gedichte gewesen. Immerhin.
Es gab erste Partys mit Stehblues und scheuen Flirts. Wir lernten Tanzen und andere Formen der Annäherungsversuche. Ich war vorzugsweise für die Getränke hinter der

Bar zuständig. Das schützte enorm und ließ mich doch mittendrin sein.

Auch sonst entdeckte ich allerhand Abgründiges. Ich las Wolfgang Borcherts „Nachts schlafen die Ratten doch!“. Den Meadows-Bericht des Club of Rome mit all den Untergangsszenarien, die heute bei Fridays for Future wiederholt werden. Im Deutschunterricht arbeiteten wir uns an Heinrich Bölls „Billard um halb zehn“ ab und lernten Hermann Hesse kennen. In Englisch lasen wir die „Animal farm“, was nicht weniger ernüchternd das Gemüt beschwerte.

Lobenswert war unsere Nähe zum 1. FC Kaiserslautern. Wir genossen die Tatsache, dass Udo Sopp unser Religionslehrer war und außerdem noch im Präsidium des Vereins am Betzenberg. Diese Konstellation brachte uns regelmäßig mit Freikarten ins Stadion hinauf, wo wir atemlos begeistert den FCK mit großer Selbstverständlichkeit in der 1. Bundesliga und international spielen und gewinnen sahen. Oft. Meistens. Im Unterschied jedenfalls zu den Passionsspielen heute.

Anfangs bekam ich von den Spielen gar nicht so viel mit. Ich war zu klein und zu unerfahren im Beobachten von Fußballspielen. Stattdessen ließ ich mich beseelen von der Kulisse und der einmaligen Betze-Stimmung.

Geraucht haben wir bei diesen unbeaufsichtigten Momenten wie die Schlote. Ich erinnere mich genau an einen erwachsenen Mann, der genau hinter mir stand und mir nach mehrfachem Anstecken meiner Stuyvesant auf die Schulter tippte und sagte: „Nicht zu viel rauchen, mein Junge!“

Genossen haben wir auch, dass in jedem Jahr der Trainer mit ein paar Profis zu uns ins Internat gekommen ist, die sich von uns ausfragen ließen. Bei der Gelegenheit konnten wir die verschiedenen Trainer wie Weise, Lorant und Ribbeck kennenlernen. Und ich erinnere mich an Spieler wie Stabel, Sandberg, Bitz, Pirrung und natürlich an Toppmöller.

Hervorheben möchte ich noch zwei epochale Ereignisse, die mir stark in Erinnerung geblieben sind: Mein erster Kinofilm. Das war „Spiel mir das Lied vom Tod" gewesen. Ein gigantisch inszenierter Italowestern, der 1969 in die Kinos kam und bald Kultstatus erlangte. Es ging irgendwie um den Bau einer Eisenbahnlinie und um jede Menge Rache, Mord und Revolverhelden.

Diese erschienen imposant in langen Mänteln und mit großen Hüten. Die Sensation aber war die Mundharmonika mit ihrem irren Klagelied, das sich den ganzen Film entlang variierte und einen ins Delirium vibrierte. Dazu noch die Augen von Charles Bronson. Es war gigantisch.
Nach diesem unheimlich langen Film torkelte ich regelrecht ans Tageslicht und war so fix und fertig mit den Nerven. Wir alle waren es. Kino als komplett eigene Welt, in die man abtauchen konnte und tatsächlich für über zwei Stunden wie weggebeamt gewesen ist. Sagenhaft spannend.
Und dann erinnere ich mich genau, dass auf dem Heimweg Waldemar, ein etwas älterer Schüler, am Kiosk eine Tüte mit länglichen gelben Stangen käuflich erwarb, die

er auf dem Heimweg genüsslich verspeiste. Er hielt mir die Tüte zum Probieren hin. Ich nahm so ein Teil, steckte es in den Mund. Es war heiß und salzig und fettig. Und er sagte bloß: „Pommes!“. Das war mir neu.

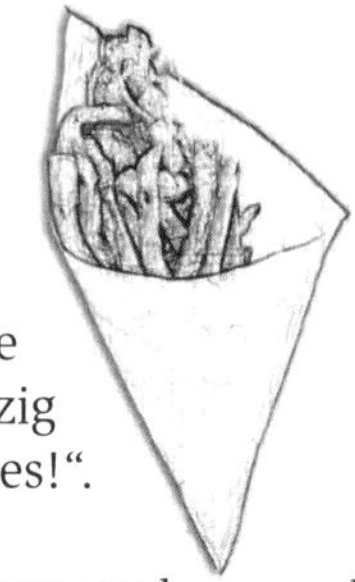

Später kamen dann noch die Currywurst und die Pizza als unverzichtbare Nahrungsergänzung zum Internatsessen dazu.

Und zum Thema „Neue Welten“ passte schließlich noch WOODSTOCK, das Open-Air-Musikfestival, das im August 1969 im US-Bundestaat New York stattgefunden hatte. Zur Krönung der Hippie-Bewegung waren damals rund eine halbe Million Leute gekommen, doppelt so viele wie erwartet. Und das trotz Regenwetter und katastrophaler Logistik. Alles blieb trotzdem friedlich. Und ging als solches als Erfolgsmeldung um die Welt. Und da wir auf den Zimmern inzwischen fast alle Radios hatten, konnten wir immer wieder Ausschnitte daraus hören.

Für mich unübertroffen, der wahnsinnige Jimmy Hendrix mit seiner ohrenbetäubenden Improvisation der amerikanischen Hymne auf der schier zerberstend von ihm strapazierten Gitarre, die einmalige Janis Joplin und schließlich der junge Joe Cocker mit seinem allerersten Welterfolg, mit dem er für den Rest seines Lebens samt darin unnachahmlich geröhrtem Urschrei in die Musikgeschichte eingegangen ist: „With a little help from my friends“. Gänsehautmusik als Lebensausdruck.

Da konnten für mich die Brandenburgischen Konzerte in der Fruchthalle (vorerst) noch nicht mithalten. Dann schon eher das erste große Rockkonzert, das ich im Eisstadion zu Mannheim erlebte, zu dem wir als Freundeskreis aufgebrochen waren, um Emerson, Lake and Palmer in ohrenbetäubendem Sound mit „Lucky man“ zu hören. Drei Tage absolute Schwerhörigkeit und einigermaßen diffuse Wahrnehmungsstörungen waren den Preis mehrerer Wochen Taschengelds wert. Fast jedenfalls.

Der kleine Professor

Nach dem Abitur ist für einen kurzen Moment der Irrtum bei mir eingezogen. Das kann vorkommen. Ja, nach dem Besteigen eines Gipfels stellt sich dieser irrlichternde Zustand wohl zwangsläufig ein. Aber das dauert nicht wirklich lange.

Beim Abstieg in die Niederungen der Ebene verschwindet der Irrtum recht bald. Der Irrtum nämlich, man hätte jetzt womöglich das Schlimmste schon hinter sich. Die überstandene Schulzeit als Einschnitt und Befreiung mag ja für den Augenblick wirklich wahr sein. Aber sie ist sehr schnell enttarnt.

Erstens verlässt man das vertraute Dilemma in Richtung unbekanntes Land. Und da gilt der englische Sinnspruch zuverlässig als Deuteschema: „the devil I know is better, than the devil I don't know!“ Und außerdem stellt sich in ganz kurzer Zeit heraus, dass das Ende der einen Anstrengung nur die Voraussetzung für die nächste ist.

Und die Nächste bitte hieß in meinem Fall: Hebraicum. Genauer gesagt: Feriensprachkurs an der Kirchlichen Hochschule in Bethel mit einer verdichteten Lernfolge, wie ich sie noch nie zuvor erlebt hatte. Jeden Morgen Unterricht, mittags Sprachlabor, abends Vokabeln und Wiederholung des Stoffes. Zwei Monate knapp. Dann Prüfung. Wie ein Blindflug mit angehaltenem Atem und Ausblendung aller anderen potentiellen Lebensmöglichkeiten jenseits des Lernens. Tunnelblick, nicht nachlassende Frustrationstoleranz und tägliche Grenzerfahrung. Einziges Ziel: Bestehen am Ende. Egal wie.

Und danach endlich: Studieren. Erstes Semester! Alles auf Anfang! Ich starte mit Schwerpunkt Altes Testament. (Und nebenbei natürlich der Einstieg in Griechisch, Formenlehre und Einführung). Ich belege eine Übung zu den Zehn Geboten, ein Proseminar zur Einführung in die exe-

getischen Methoden anhand von Texten aus der Mose-Überlieferung und schließlich eine Vorlesung bei Professor Grzegorzewski: Deuterojesaja. Das ist die Kür neben all der Pflicht.
Der kleine Professor mit der größten Ausstrahlung. Gelehrt und liebevoll. Was für eine Kombination. Seine zweistündige Vorlesung ist jede Woche ein Stück Reanimierung der beinahe verloren geglaubten Lust am Theologisieren. Es macht Spaß und Fortschritte zugleich. Es tut mehr gut als weh. Und das ist ein Qualitätsmerkmal der besonderen Art, wie ich bald merke für den Rest meines Theologendaseins.
Mindestens so einen Menschen muss man treffen, um den Rest an Desillusionierung auf dem universitären Parkett zu überstehen. Und Gott sei Dank scheint wenigstens eine Planstelle für einen solchen Lehrauftrag dieses besonderen seelsorglich notwendigen Recyclings freigehalten zu sein. Nach göttlichem Lehrplan, wie es mir scheint, ist das so.

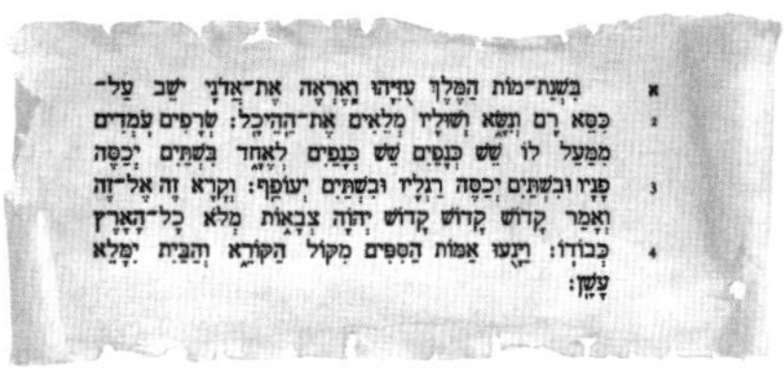
א בשנת־מות המלך עזיהו ואראה את־אדני ישב על־
2 כסא רם ונשא ושוליו מלאים את־ההיכל׃ שרפים עמדים
ממעל לו שש כנפים שש כנפים לאחד בשתים יכסה
3 פניו ובשתים יכסה רגליו ובשתים יעופף׃ וקרא זה אל־זה
ואמר קדוש קדוש קדוש יהוה צבאות מלא כל־הארץ
4 כבודו׃ וינעו אמות הספים מקול הקורא והבית ימלא
עשן׃

Ich hätte jedenfalls dieses erste Semester nicht heil überstanden, ohne diesen kleinen Hoffnungsträger mit der großen Ausstrahlung.
Und dann kam sein großer Auftritt vor Beginn der Weihnachtsferien. Wie ich damals erfuhr, war es an der Hochschule schon eine gute alte Tradition, dass er, der kleine Professor, diese Weihnachtsvorlesung regelmäßig hielt. Und das Audimax war voll. Und alle waren sie da. Auch der Lehrkörper. Es war eine Vollversammlung der besonderen Art. Und es war spannend, es war heiter, es war klug, es war lehrreich und einigermaßen verblüffend, was uns da an Verknüpfung und gegenseitiger Bedingtheit zwischen Altem und Neuem Testament eröffnet wurde.

Und dann, als sozusagen alles gesagt zu sein schien, als das Maß an zu erfüllender Darstellung befriedigend erfüllt war, geschah es. Wie immer, was ich aber erst später erfuhr. Unser Professor trat ab, stellte sich einen guten Meter neben das Rednerpult und sprach unerhört demütig mit den Worten des Weihnachtsliedes „Dies ist der Tag, den Gott gemacht" (EG 42), die Strophe 3:

„Wenn ich dies Wunder fassen will,
so steht mein Geist vor Ehrfurcht still;
er betet an
und er ermißt,
dass Gottes Lieb unendlich ist."

Und damit verließ er mit kleinen Schritten die Bühne und den Saal – und es war die vorweg genommene Stille Nacht und ein Hauch von Bethlehem in Bethel.

Und von dem Tag an wusste ich, dass Wissenschaft und Herzensfrömmigkeit sich befreunden, ja umarmen dürfen, wenn die Theologie weihnachts-lebens-tauglich sein und bleiben will.

Kein Weihnachtsfest hat es seitdem für mich gegeben ohne eine dankbare Verneigung vor meinem kleinen großen Professor aus Bethel.

Oma wartet mit dem Sterben

Sie war alt geworden. Fast 90 Jahre. Alt und lebenssatt. Zum Sterben hatte sie sich ins Pfarrhaus zu ihrem Sohn Karl und dessen Familie einquartiert. Dort hatten sie zum Abschied bereits zusammen das heilige Abendmahl gefeiert.

Viele aus der Familie waren dabei. Ich nicht. Ich hatte ja in Bethel gerade angefangen mit den alten Sprachen und strebte auf die Abschlussprüfung in Hebräisch zu. An eine Unterbrechung, um nach Hause zu fahren, war nicht zu denken. Jedenfalls nicht, wenn ich am Ende den Feriensprachkurs bestehen wollte. Also blieb ich dort.
Am Wochenende erfuhr ich im Telefonat mit Daheim von der bewegenden Feier rund ums Sterbebett. Ich stellte mich ganz darauf ein, Oma nie mehr lebend zu sehen. Ich wusste, sie hatte Verständnis. Wir waren über all die Jahre miteinander vertraut.
Sie gehörte zu meinem Leben als konstante Vergewisserung eines stabilen Zuhauses. Ihre Anwesenheit an jedem Sonntagnachmittagskaffee war geradezu die institutionalisierte Wiederholung des Vertrauten. Ihre Frömmigkeit strahlte unaufdringlich auf mich aus.

Sie hatte im Laufe der Jahre ein Einverständnis mit ihrem Leben gefunden, so wie es ihr zugemutet gewesen war. Bis auf den schmerzlich vermissten ältesten Sohn Salomon, auf den sie nicht nachließ zu warten, so wenig wie sie aufhörte, ihn lieb zu haben. Aber ansonsten schien sie versöhnt und ohne Bitterkeit am Lebensabend angekommen zu sein.

Dieses bevorstehende Sterben hatte nichts Erschreckendes. Die ganze Familie schaute dankbar-traurig und ruhig auf den langsam zu Ende gehenden Lebensweg.

Ich kam einen Tag nach der bestandenen Prüfung mit dem Zug in die Pfalz zurück. In Kaiserslautern stieg ich aus dem Zug. Dort hat mich mein Onkel Karl abgeholt. Wir fuhren zu ihm nach Hause. Er bereitete mich darauf vor, dass die Oma schon auf dem Weg auf die andere Seite sei und dass sie mich wahrscheinlich nicht mehr wahrnehmen würde. Alle seien ohnedies erstaunt darüber, dass sie noch am Leben sei. Sie habe seit Tagen nichts mehr zu sich genommen und sich nur noch die Lippen sachte anfeuchten lassen.

Es war keine leichte Fahrt und es war eine Überwindung auch, ins Haus zu gehen und in das Sterbezimmer zu gehen. Es ist schon heiliges Land, das wir betreten, wenn wir Menschen verabschieden, die aufbrechen zu dem Gott, der uns allen das Leben gibt und zu dem es wieder zurückkehrt.

Meine Tante war es schließlich, die mich begleitet hat. Wir betraten leise das Zimmer und sie sagte: „Oma, der Ludwig ist jetzt da.“ Ich trat an ihr Bett heran und erschauderte ziemlich heftig, als sie sich tatsächlich zu mir umdrehte, die Arme ausstreckte, mich um den Hals nahm, mich zu sich zog und mir einen Kuss gab.

Dann drehte sie sich zurück zur Wand. Das war alles. Alles was möglich war, um Unglaubliches auszudrücken. Sie hatte tatsächlich auf mich gewartet. Keine zwei Stunden später ist sie ruhig eingeschlafen. „Heimgehen“ nen-

nen wir es wohl, wenn es so bedachtsam hingebungsvoll passiert.
Ich weiß, dass der Tod auch andere Gesichter haben kann. Darum bewahre ich diesen Abschiedsmoment von meiner Oma wie einen wertvollen Schatz. Proviant vielleicht für das eigene Gehen, wenn es kommt.

Semesterferien

Neben dem stattlichen BAFÖG stand mir für die Finanzierung meines Studiums noch das zur Verfügung, was ich in den Semesterferien mit verschiedenen Jobs verdient habe. Dabei habe ich wertvolle Einblicke in die Arbeitswelt gewonnen, die mir den Respekt und die Achtung vor der arbeitenden Bevölkerung nachdrücklich beigebracht haben. Ob beim Fensterbauer oder als Hilfskraft in Alten- und Pflegeheimen, es war immer eine andere Welt, die mich in Berührung gebracht hat mit Menschen, die zum Teil unter schwersten Bedingungen ihren Lebensunterhalt verdienten.

Bei den Von-Bodelschwinghschen-Anstalten bot sich die Mitarbeit in den Heimen vor der Tür der Kirchlichen Hochschule geradezu an. Dort habe ich auch oft an Wochenenden ausgeholfen. Als starke Erinnerung ist mir der Nasenbeinbruch präsent, den ich mir beim morgendlichen Waschen eines Epilepsie-Anfalls-Kranken zugezogen habe, der mich mit einem einzigen Reflex knock-out schlug.

In der Heidelberger Zeit habe ich im Querschnittszentrum Neckargemünd als Hilfspfleger gearbeitet. Das war eine äußerst herausfordernde Tätigkeit, weil ich es vornehmlich mit verunglückten jugendlichen Motorradfahrern zu tun bekam, die an jedem Wochenende von den Straßen direkt mit Rettungshubschraubern eingeliefert wurden und oft ohne Aussicht auf Wiedergenesung mit der Lähmung leben lernen mussten.

Immer wenn sich dann herumsprach, dass ich angehender Pfarrer sei, habe ich mich massiv mit den brutalen Fragen nach Gottes-Versagen in die Enge treiben lassen müssen. Das war härter als die Arbeit selbst. Es war aber auch eine Schule fürs Leben. Der Härtetest im oft vergeblichen Suchen nach Sinn im Leid.

Eine Herausforderung der besonderen Art ist aber die Arbeit als Bier(bei)fahrer gewesen. Durch die Vermittlung eines alten Schulfreundes, der als Bierbrauermeister hohes Ansehen bei seiner Brauerei genoss, bot sich die Gelegenheit, regelmäßig im Sommer als Beifahrer beim Zuliefern von Bier durch die ganze Pfalz zu kutschieren. Es ist die Zeit gewesen, in der noch das Meiste als Handarbeit geleistet werden musste, auch das Verladen am Morgen.
Zwischen 6 und 7 Uhr in der Früh wurden die LKWs für ihre jeweilige Tagestour bestückt. Und weil die Leute ihren Spaß daran hatten, den ahnungslosen Theologiestudenten mal ordentlich was arbeiten zu lassen, haben sie mich auf den Wagen geschickt und selber mit drei Mann im Lager der Brauerei die Bierkästen auf das Förderband gestellt, das dann bei mir gnadenlos ankam. War ich nicht schnell genug, fielen die Kisten zur Schadenfreude der Kollegen vor mir auf den Boden. Also musste ich Akkord arbeiten und war demnach um 7 Uhr bereits fix und fertig.
Die Arme so lang wie die Beine bestieg ich dann zitternd das Führerhaus und konnte froh sein, wenn unsere Route in die Vorderpfalz bis nach Speyer ging und wir demnach erstmal eine knappe Stunde zu fahren hatten. So konnte ich mich ein bisschen erholen und neue Kräfte schöpfen.
Besonders interessant fand ich damals die neben dem Schaltknüppel angebrachten kleinen Kästchen, in die passgenau eine Bierflasche deponiert wurde. Beim regelmäßigen Hochschalten des Wagens hat der Fahrer dann jeweils die Flasche mitgenommen, einen kräftigen Schluck genommen und beim Schalten in den nächsthöheren Gang

wieder zurück gestellt. Nach jedem Abladen hatte ich den Auftrag eine neue Flasche mit nach vorne zu bringen.
Mit diesem Hintergrundwissen habe ich im Straßenverkehr jahrelang sehr aufmerksam entgegenkommende Bierautos an mir vorbeifahren lassen. Nüchtern betrachtet wird man sagen müssen: Heute gibt es so etwas sicher nicht mehr.
Die Wochen bei dieser Arbeit waren so unfassbar anstrengend, dass ich zu Beginn des jeweils nächsten Semesters dankbar meine Arbeit an der Uni wieder aufgenommen habe, als absolutes Privileg.
Nur bezahlt wurde ich beim Bierfahren besser.
Viel besser.

Predigtlast und Kanzelglück

Es ist schon nicht ganz so, wie bei Gerhard Schröder gewesen, der angeblich an der Tür des Kanzleramtes gerüttelt hat mit den Worten: „Ich will da rein!“ Und doch behauptet nicht nur mein alter Freund Fred, ich sei schon in Schulzeiten fest entschlossen unterwegs zur Kanzel gewesen. So schnell wie möglich, behauptet er, hätte ich das gewollt. „Ich will da rauf…“

Mag sein, dass der Reiz der Verkündigungsaufgabe mich durchaus gelockt hat. Vollends gepackt hat er mich allerdings erst zu Studienbeginn in Bethel, als wir immer wieder sonntags in Bielefeld zu Pfarrer Peter Spangenberg in den Gottesdienst gegangen sind. Er war der erste Prediger, der mich in seinen Bann gezogen hat.
Gott und die Welt hat er sich verabreden lassen in der Liturgie der Anbetung genauso, wie an der appellativen, provokativen, motivierenden Kanzelwand. Da war er für mich ein Kletterer, ein Gipfelstürmer, ein Spitzenreiter. Er nahm die Welt mit auf die Kanzel. Im wahrsten und im übertragenen Sinne.
Ich werde nie vergessen, wie er eines Sonntages im Rahmen eines Schöpfungsgottesdienstes mit Globus unterm Arm die Kanzel hinaufging – und alle Blicke folgten ihm, angespannt in der Erwartung, was das werden soll. Symbolisierend predigen, das hat er mir gezeigt und das hat mich nie mehr ganz losgelassen.

Dann kam ich nach Heidelberg. Dort habe ich gleich mehrere „Geburtshelfer“ beim auf die Welt kommen als Prediger kennengelernt. Zuerst Rudolf Bohren. Ich war sein Schüler und dann sein Tutor, der eine Studierendengruppe jeweils parallel zu seiner Hauptvorlesung begleiten durfte.

Aber mehr noch als seine Vorlesungen und seine damals gerade erschienene Predigtlehre hat mich seine Art und Weise beeindruckt, selber als Liturg und Prediger in der Peterskirche präsent zu sein. Wer auch nur einmal ihn das Eingangsvotum (Im Namen des Vaters und des Sohnes und des Heiligen Geistes, Amen) hat sprechen hören, konnte sich dem Bann seiner vergegenwärtigten Rolle nicht entziehen.
Mit dem Bäumefällen hat er das Predigthandwerk gelegentlich verglichen. Seine „Theonome Reziprozität" als Terminus technicus für das geistgewirkte unverfügbare Geschehen im Predigtvollzug mag manchen Studierenden arg theoretisch vorgekommen sein, gemeint war immer ein sehr praktisches, reelles Wirken Gottes trotz und in dem Wirken seiner Botschafterinnen und Botschafter.

Mein Glück war, dass ich neben der universitären Homiletik-Werkstatt auch ganz praktisch und erlebnisorientiert in Handschuhsheim, wo ich wohnte, eine zauberhafte Predigerin kennenlernen durfte, die sich der Kunst der narrativen Predigt verschrieben hatte. Damit hat sie ganz viele Menschen angezogen, weil sie es auf geniale Weise verstand, die biblischen Geschichten so zu erzählen, dass wir uns als Zuhörerschaft mit ihnen so existentiell verstrickten, dass wir ein Teil der Geschichten wurden. Das ist eine faszinierende neue Hörerfahrung gewesen, der ich viele Impulse zu verdanken habe.
Nach ersten Gehversuchen im Altarraum und auf der Kanzel während dem Gemeindepraktikum und Homiletischen Seminaren wurde

meine Predigtwerkstatt im Predigerseminar endlich eröffnet. Nach jahrelangem Trockenrudern endlich der Sprung ins kalte Wasser der Untiefen des Predigtabenteuers. Und das Vikariat bot in der Tat als Probelauf für alle pastorale Arbeit eine Fülle von Erfahrungsfeldern: Schule, Konfirmandenunterricht, Jugendarbeit, Seelsorge, Verkündigung und Kasualpraxis. Atemberaubend. Last und Lust.

Besonders ist mir mein erster Predigtcoach Achim Kreiter in lebhafter Erinnerung, der uns als Leiter der Ausbildung am Landauer Predigerseminar allesamt vor Ort in unseren Praktikumsgemeinden besuchte. Bei mir war er erstmals am 1. Sonntag nach Ostern (Quasimodogeniti), dem 18. April 1982, in der Neustadter Stiftskirche. Ich habe über den sogenannten „ungläubigen" Thomas (Johannes 20,24ff) gepredigt. Das Thema Glaube und Zweifel gehörte damals schon zu meinen Herzensanliegen, was man unschwer aus dem Predigtanfang entnehmen kann. Der war nämlich so:
„In unserem Gesangbuch stehen 498 Lieder. Manches hat zehn Strophen. Aber es kommt insgesamt nur elfmal das Wort Zweifel vor. Und dann aber immer als etwas, was es für einen wahren Christen scheinbar nicht gibt, oder nicht geben darf. Da könnte Thomas nicht mitsingen. Thomas, der „Ungläubige", wie man ihn gerne nennt. Ein Glück, dass der in der Bibel steht. Da ist Platz für den Zweifler. Thomas gehört dazu. Glaube und Zweifel gehören zusammen …"
Vom Auswertungsgespräch nach dem Gottesdienst gibt es ein Protokoll. Darin sind die Rückmeldungen Kreiters messerscharf festgehalten. Und sie sind als Kritik stichhaltig bis heute:

- Sie müssen den Leuten nicht sagen, dass wir jetzt beten. Sie sind ja deshalb gekommen!
- Die Gebete sind zu schwebend und weltfern.

- Der Prediger zweifelt und bindet doch selber vollmundig den Zweifel durch Theologie zu. Das ist am Ende nicht ehrlich.
- Der Prediger rettet sich in Formeln.
- Zu schöne Formulierungen machen die Sache noch nicht klar.
- Eine Formulierung ist nur ein Nagel. Da muss dann aber auch was dranhängen!
- Ihnen ist die Welt am Schluss aus der Predigt gerutscht.
- Die Fülle der Argumente ersetzt die Klarheit nicht.
- Sie müssen den Leuten auch Möglichkeiten der eigenen Verarbeitung geben.
- 13 Minuten sind ausreichend.
- Ich habe Ihnen gerne zugehört.

Im Laufe meiner Predigerexistenz hätte ich mir öfter so eine klare und hilfreiche Rückmeldung gewünscht. Achim Kreiter konnte das gut. Ich vermisse ihn.

Im Laufe des Vikariats hatte ich viel Gelegenheit, mich als Wanderprediger zu erproben. Der damalige Dekan von Neustadt, Wilhelm Welker, schickte mich fast an jedem Wochenende quer durch das Dekanat. Das machte mich stolz und auch etwas hochnäsig und eingebildet. Mit dem unvermeidlichen Gefühl, einigermaßen unersetzlich zu sein, erforschte ich eine Kanzel nach der anderen.
Auf dem Höhepunkt dieses ersten Predigtrausches hatte ich eine Überdosis Selbstüberschätzung und Euphorie verinnerlicht. Und so kam es an einem völlig unverdächtigen Sonntagmorgen in einer kleinen Dorfkirche zu der Begegnung der besonderen Art.
Irgendein kluger Mensch mit Weitsicht und Verstand hatte offenbar im Auftrag Gottes und in Erwartung meines irgendwann bevorstehenden Besuches in die Innenseite der Kanzel (also für die Leute in der Kirche ansonsten nicht sichtbar) einen schönen biblischen Gruß an mich ange-

bracht. Und der hieß: „Wir verkündigen nicht uns selbst, sondern Jesus Christus als den Herrn!“

Ich betrat also die Treppe zu dieser Kanzel und während ich die Stufen hinaufging, die Gemeinde war noch am Singen des Liedes vor der Predigt, da eröffnete sich mir Stufe um Stufe dieser Vers. Erwartete mich sozusagen, fing mich ab und fing vor allem an, mich erheblich zu irritieren.
Oben angekommen weiß ich noch, dass ich am liebsten die Veranstaltung kurzfristig abgesagt hätte, wegen Betriebsferien oder Wortfindungsstörungen, Stromausfall, egal.
Ich war jedenfalls so dermaßen betroffen, weil ich mich beim Besteigen der Himmelsleiter auf frischer Tat ertappt fühlte, so als hätte der liebe Gott persönlich disziplinarische Maßnahmen angeordnet, zwecks Zähmung des jungen wilden Predigers.
Der Gottesdienst hat dann doch stattgefunden.
Die Leute sagten hinterher, es sei heute aber außerordentlich ernst und feierlich gewesen.
Ich bin ihn seither nicht mehr losgeworden, den Vers. Er steht im Logbuch meiner Biographie als Prediger wie eine Präambel. Nicht mich selbst predigen soll ich. Nicht im Weg stehen, wenn der Herr Jesus persönlich zu den Leuten kommen will. Nicht selber Herr sein wollen, sondern nur Hinweiser auf denselbigen. Weitersager, Botschafter, Briefträger. Und das übe ich jetzt seitdem.
Jede Kanzel, die ich seit diesem denkwürdigen Sonntagmorgen betrete, taste ich ganz langsam nach oben, immer darauf gefasst, dass da wieder so eine klare Dienstanweisung stehen könnte. Und sie muss inzwischen auch gar nicht mehr da stehen, ich sehe sie auch so.

Bleibt mir noch am Ende mit Blick auf die von Karl Barth erklärte „unmögliche Möglichkeit" des Predigens der Hinweis auf zwei Vorbilder. Einer davon ist prominent der andere nur erfahren.

Der prominente ist Hans Dieter Hüsch. Ich habe ich zum erstenmal im Studium im Radio gehört. Ein Mitschnitt eines Live-Auftrittes von ihm. Ich saß wie gebannt da und schrieb mir mit Spitzenformulierungen die Finger wund. Er hat mich mit seiner Wortakrobatik so nachhaltig beeindruckt wie keiner sonst. Der kabarettistische Christ mit Texten, die einem die Schuhe ausziehen konnten, wie zum Beispiel der legendären Nachricht vom Kirchenaustritt Gottes, den er für einen Auftritt beim Kirchentag in Berlin 1989 geschrieben hat. Unfassbar gut. Vergnügt, erlöst, befreit – sein Motto, völlig unkonventionell über Gott und die Welt zu sprechen. Mit seinen Texten habe ich mich jahrelang sozusagen geistlich ernährt, weil sie so absolut ohne kirchlich verbrauchtes Vokabular ausgekommen sind. Neue Wörter für die alte Sache.
Und dann habe ich ihn tatsächlich persönlich getroffen. Ausgerechnet in meiner ersten Gemeinde in Gundersweiler am Donnersberg war er im dortigen Kulturschuppen, dem legendären KULT zu Gast. Nie hätte ich für möglich gehalten, dass wir uns eines Tages sozusagen neben meiner Dorfkanzel treffen und austauschen würden. Er ist mir als großer Credotainer für immer ein Anstoß, neue Glaubenssprache zu sprechen und weltlich von Gott zu reden.
Und schließlich ein alter erfahrener Prediger, der mich im Vorübergehen einmal gefragt hat:
„Und Kollege, sind Sie noch aufgeregt vor dem Gottesdienst?" Und weil ich zuerst dachte, es sei jetzt eine für mich blamable Geständnissituation, bei der ich mich schämen müsste, habe ich etwas gezögert, um dann zu sagen: „Und wie!" Daraufhin mein väterlich zugewandter Ruheständler: „Gratuliere! Passen Sie gut auf, dass es so bleibt!"

Im Vikariat hat man uns ein Gebet zum Sprechen nach einem Gottesdienst in der Sakristei mit auf den Weg gegeben. Es liegt in meinem Gottesdienstbuch seitdem greifbar und heißt:

„HERR, ich danke Dir,
dass Du mir Dein Wort geschenkt hast.
Nicht, das es zu meinem Wort geworden wäre,
sondern dafür,
dass es unter meinem Wort
Dein Wort geblieben ist;
Dafür danke ich Dir!
Amen“

Mein Mentor

Gleich mehrfach ist mir Hans Jürgen Grimm zum Wegbegleiter und Mentor geworden. Manche Menschen schickt uns Gott nicht nur für Einwegbegegnungen, sondern als stabile Weggefährten auf Lebenszeit.

Und so verdanke ich meinem damals für die Theologiestudierenden zuständigen Oberkirchenrat Heinz Kronauer die Verbindung zu Pfarrer Grimm und seiner Familie schon seit Studientagen. Und das kam so: Die ersten Semester des Studiums waren total beschlagnahmt von dem mühsamen Lernen der alten Sprachen. Hebräisch und Griechisch als Nadelöhr sind durchaus grenzwertige Erfahrungen für mich gewesen. Dazu die Ernüchterung über eine verwissenschaftlichte Entfremdung vom Glauben, die das Studium unvermeidlich mit sich bringt.

Ich war nach dem Start in Bethel so verunsichert, ob dies mein Weg wirklich sein soll, sodass ich mich hilfesuchend an den Landeskirchenrat wandte und um die Vermittlung zu einem Gemeindepraktikum bat. Oberkirchenrat Kronauer verstand von Ferne meine Not und gab mir – der Himmel weiß warum – die Nummer des Protestantischen Pfarramtes von Zweibrücken-Ixheim.

Ich telefonierte mit Pfarrer Grimm, verabredete einen Besuch und kam schließlich während des Wechsels der Studienorte von Bethel nach Heidelberg für gut sechs Wochen im Pfarrhaus unter. Ich lebte sozusagen mit der Familie den Alltag eines Pfarrhauses live mit. Ich begleitete meinen Mentor auf Schritt und Tritt in die Schule, ins Krankenhaus, auf den Friedhof und zu den Konfirmanden. Er ließ mich zuschauen, mitmachen und sogar zwei Gottesdienste halten.

Ich bekam einen Tageslichttauglichen Einblick vom Leben eines Seelsorgers, eines Theologen, eines Predigers, eines Pfarrstellenverwalters, der alles mit Freude und Hingabe

tat, dabei einen munteren Eindruck machte und mich zudem als Familienmitglied adoptierte. Dazu gehörte auch die mütterliche Begleitung seiner Frau Lore, die mich auf der legendären Eckbank ihrer Küche eins ums andere mal kompetent vor- und nachbereitet hat, zu einem Zeitpunkt, da ich von Supervision oder ähnlichen Mutproben noch gar nichts gehört hatte.
Diese wunderbare Erfahrung war so ermutigend, dass ich jetzt endlich wusste, wohin ich streben wollte und dass es sich lohnen wird, die Mühen des Studiums auf sich zu nehmen. Ich streckte mich in Heidelberg verstärkt aus nach der Praktischen Theologie und suchte permanent den Bezug zur Arbeit im Pfarramt, jetzt da ich wusste, wie es ungefähr aussah.
Und so kam ich nach Ende des Studiums wieder auf meinen erprobten Anleiter zurück, der inzwischen nach Neustadt an die Stiftskirche gewechselt hatte und dort zu meinem Vikariatsvater wurde.
Wieder nahm er mich mit auf die Reise durch den Alltag, vor allem auf den Friedhof, wo ich ihn ein um das andere Mal vor Beerdigungen in der Sakristei im Kreis laufen sah und die Aufregung genau so spürte wie die Gebetshaltung, mit der er diese Herausforderungen anging. Predigen als Beruf, als ständige Grenzerfahrung habe ich bei ihm anschauen und aushalten gelernt. Und dann kam der Tag, an dem ich meine erste Beerdigung übernehmen sollte. Der Anruf im Pfarramt kam schon direkt vom

Beerdigungsinstitut. Der Besuch des Geistlichen im Trauerhaus wurde angefragt, und Pfarrer Grimm kündigte mich der Familie persönlich an. Ich fuhr hin und wurde zunächst auch ganz freundlich hereingelassen.
Meine Unsicherheit, mein jugendliches Alter, meine ganze Erscheinung machte die Leute aber unsicher. Und schließlich fragte mich die Tochter des Verstorbenen direkt, ob ich denn schon einmal eine Beerdigung gehalten hätte als Vikar.
Ich musste zugeben, dass dies gerade jetzt meine erste derartige Amtshandlung sei, woraufhin sich die Familie mit einer gehörigen Entschlossenheit verweigerte, meine Dienstleistung anzunehmen. Man habe nichts gegen mich persönlich, sagten sie, aber sie wollten, dass der verstorbene Vater von einem ordentlichen Pfarrer beerdigt werde, der das auch kann und das auch schon öfter unter Beweis gestellt hat. Pfarrer Grimm möchte das doch bitte selbst übernehmen. Das sollte ich ihm ausrichten. So schickten sie mich weg.
In einigermaßen aufgelöstem Zustand berichtete ich von meinem missglückten Auftritt, überzeugt davon, dass ich damit außen vor bleiben und mein Mentor die Sache retten würde. Der aber sagte zu meiner Überraschung, dass ich auf jeden Fall diese Beerdigung halten würde, und fuhr mit mir noch einmal zum Trauerhaus. Dort eröffnete er der Familie, dass man mir vollauf vertrauen und die Familie zudem mit seiner Anwesenheit und Begleitung bei der Beerdigung rechnen könne. Er würde mich auch schon bei der Vorbereitung entsprechend unterstützen.
Die Familie akzeptierte mit einem erstaunlichen Respekt vor dieser gradlinigen Haltung meines Mentors. Ich führte dann das Beerdigungsgespräch selbstständig weiter, machte mir meine Notizen und dann fuhren wir nach Hause. Er setze mich unterwegs an der Wohnung ab und wünschte mir gutes Gelingen.

Bei der Beerdigung selbst fuhr er mich auf den Friedhof, war bei mir in der Sakristei, sah mir zu, wie ich im Kreis lief, und betete mit mir wunderbar tröstlich. In der Friedhofshalle saß er in der letzten Reihe und stärkte mich mit seiner absoluten Gelassenheit und seinem fraglosen Zutrauen.

Diese große Geste habe ich als absolutes Highlight meines Vikariats verbucht, wohl wissend, wie sensibel diese Kasualie Beerdigung immer ist, und mit wie viel Recht die Menschen Anspruch darauf haben, dass Kirche sie da nach besten Kräften entlastet und begleitet. Und da kann so ein blutiger Berufsanfänger schon eine Anfechtung sein.

Aber mein Lehrer hat die Bedeutung der Situation erkannt und mich mit seinem Vertrauen über mich hinaus wachsen lassen. Nur wenn wir solche Menschen unterwegs geschenkt bekommen, werden wir wachsen und werden, wie wir selbst es kaum für möglich gehalten hätten. Bei Beerdigungen sehe ich ihn bis heute im Geiste als Beistand in meiner Nähe.

Im letzten Jahr habe ich ihn selbst beerdigt. Der Kreis hat sich geschlossen. Wir verlieren uns nie.

Liebes Gesicht

Sie war noch ziemlich jung, als ich sie kennenlernte. Gerade mal 85 Jahre alt. Sie feierte diesen Geburtstag zu Hause. Die Nachbarn und Verwandten waren zahlreich erschienen. Sie war beliebt, weil sie so unkompliziert, anspruchslos und herzlich zu allen war.
Mich hatte sie unbedingt dabei haben wollen. Dabei kannten wir uns nur flüchtig von Gottesdiensten und im Vorübergehen. Sie lebte alleine in ihrem Haus. Seit über 30 Jahren schon als Witwe, Garten und Hof betreute sie ganz alleine. Mit Disziplin und Können gelang ihr das. Obwohl es mitunter schon etwas gewagt ausgesehen hat, wenn der Rasenmäher mit ihr durch den Garten fuhr. Aber es klappte meist unfallfrei. Und darauf war sie stolz.
Der Geburtstag war dann der Beginn einer langen Freundschaft. Bis dahin hatte ich immer Schönheit vermeintlich mit Jugend zusammen gesehen. Jetzt lernte ich eine Frau kennen, deren Schönheit in einem alten Gesicht wohnte. Und bei genauerem Hinsehen geradezu aufleuchtete, wenn man bereit war, einen Moment darauf zu warten.
Sie „bestellte" mich alle vier Wochen zum Besuch bei sich ein. Mit strahlenden Augen stand sie oben an der Treppe, wenn ich kam. Zwei Sektgläser und ein gut gekühltes Fläschchen Picollo standen in der Diele bereit. Sie verstand es, unser Wiedersehen gebührend zu feiern.
In der Zwischenzeit hatte sie Geschichten erinnert und vorbereitet, oft mit Bildern und Fotoalben belegt. Und sie hatte Fragen gesammelt. Und das nicht zu knapp. Die Geschichten handelten von ihrer Jugend, von ihrer im Krieg verlorenen großen Liebe, von den Kompromissen ihres Lebens danach und den beinahe glücklichen Zeiten. Ihre Fragen wie eine massive Sammelbestellung an den rätselhaften Gott.

Das war anstrengend und tendenziell immer defizitär, was meine Angebote an Antworten anbelangte. Sie ging damit gnädig um und ließ mich ihre Enttäuschung über offen bleibende Lebensfragen nur ganz leise spüren.

Meistens war sie kess und übermütig. So kann ich mich lebhaft erinnern, dass sie mir begeistert von der damals sehr beliebten ARD-Familien-Fernsehserie „Oh Gott, Herr Pfarrer!“ mit Robert Atzorn berichtete. Dort war nämlich der Pfarrer in der letzten Folge, die sie amüsiert gesehen hatte, direkt nach einer Beerdigung mit seiner Frau ins Bett gegangen. Davon war sie überrascht und beeindruckt. Aber sie scheute sich nicht im Geringsten zu fragen, ob das so bei mir zu Hause auch vorkäme. Eine Antwort hat sie nicht erwartet. Ihr genügte schon das Vergnügen, die Frage überhaupt gestellt zu haben.

In solchen Augenblicken schaute mich ein junges Mädchen aus dem alten lieben Gesicht verzückt an, etwas zu neugierig und deshalb mit roten Bäckchen verziert.

Wegen der schlechten Augen las ich ihr Geschichten und Gedichte aus alten Zeiten vor. Ihre Lieblingslieder auch. Vor allem „So nimm denn meine Hände“. Manchmal wollte sie spazieren gefahren werden. Zum Friedhof, rund um den Donnersberg, durch die Dörfer. Manchmal auch in die Kirche.

Zu Zeiten als ihr der Gottesdienstbesuch immer schwerer fiel, machten wir dann an Werktagen Rast in ihrer Kirche. Und manchmal bat sie nun eine gemeinsame Abendmahlsfeier. Die haben wir dann zu zweit gefeiert. Manchmal kam noch die Kirchendienerin überraschend dazu.

Das hat ihr gefallen. Sie war dabei nie traurig, aber es gab immer Tränen.
Auf ihrem letzten Weg, beinahe schon 100 Jahre alt, lag sie viel, wenn ich kam. Inzwischen treu und zuverlässig von den Schwestern der Sozialstation versorgt, glitt sie ständig zwischen Präsenz und Traum hin und her.
Kurz vor ihrem sanften Tod überraschte sie mich mit einem unglaublich heiteren letzten Gespräch. Sie erklärte mir konzentriert und klar, dass ihr die geschenkte Lebenszeit hier „auf dieser Seite“ wie sie sagte, absolut genug sei. Es reiche nun aber wirklich. Und sie brenne darauf, endlich zu erfahren, wie es wohl „auf der anderen Seite“ aussehe, hinter dem Vorhang, sagte sie. Auf den Himmel sei sie schon so lange neugierig. Und sie könne es jetzt nicht mehr abwarten, endlich dorthin zu kommen.
Wenn ich jemals annähernd verstanden habe, was die Bibel meint, wenn sie im Zusammenhang des Sterbens der Urväter im Alten Testament öfters davon spricht, sie seien alt und lebenssatt gewesen, dann jetzt, an diesem Sterbebett meiner Piccolo Freundin mit dem lieben Gesicht.

Mein Doktorvater

Seine Seminare waren überfüllt. Weil sie übervoll gewesen sind. Sinnvoll, geistreich, klug. Total praxisnah und voll auf der Höhe des augenblicklichen wissenschaftlichen Diskurses. Ob Homiletik oder Religionspädagogik, eine große Schar Theologiestudierender in Heidelberg waren ihm als Schülerinnen und Schüler zugewandt.
Bei ihm gab es immer auch die Nähe zur Gemeinde. Legendär die Probepredigten in Handschuhsheim, bei der alle Teilnehmenden der Homiletischen Seminare nacheinander ihre ersten Gottesdienste hielten, die mit Nachgesprächen den Kontakt zu ganz normalen Gemeindegliedern ermöglichten und damit den Bodenkontakt schufen.
Professor Dr. Walther Eisinger strahlte eine solche Freude am Vermitteln der Lust auf die theologische Praxis aus, dass er mir zum unersetzlichen Mutmacher und Motivator des Studiums wurde.
Die Tatsache, dass er auch Mitglied der Prüfungskommission für das Zweite Theologische Examen in der Pfalz gewesen ist, vertiefte diese Beziehung erst recht. Als ich ihm im mündlichen Examen 1981 in Speyer gegenübersaß, ahnte ich noch nicht, dass er mir weit über dieses Datum hinaus Wegbegleiter werden sollte.
Ich startete in die Gemeindearbeit und tauchte ab in begeisterter Suche nach eigener Identität als Lehrer und Prediger. Mir wurde die Kommunikation des Evangeliums anhand von Symbolen und Gegenständen des Alltages zunehmend wichtig. Bei Taufen und Trauungen vor allem benutzte ich zunehmend das Inventar des alltäglichen Lebens, um den Menschen Gott und die Welt zu versprechen. Meine Freude am Veranschaulichen der gottvollen Nähe im säkularen Raum faszinierte mich zunehmend. Ich gab jedem Konfirmandenjahrgang ein Symbol, das sie durch die zwei Jahre begleitete.

Unter den Zeichen von Baum und Sonne, Hand und Fuß, Fisch und Taube, Haus und Herz versuchte ich eine Identifikation und Plausibilität anzustiften. Ich versuchte bei Taufen mit Stützrädern, Gießkännchen und Uhren, (die man nicht nur aufziehen, sondern auch gehen lassen muss …) die Begleitung der Eltern und Paten zu veranschaulichen. Dabei übertrieb ich es natürlich mitunter auch und verschätze mich dann und wann beim Einsatz nur beinahe passender Vergleiche.

Aber ich war beseelt von dem Gedanken, dass es doch erlaubt sein muss, weltlich von Gott zu reden. Nichts anderes hatte doch auch Jesus mit seinen Gleichnissen von Ackerfeld und Arbeitern im Weinberg getan. Er hatte es doch erfunden, das Reden von Gott durch die Blume.

Nach den ersten Amtsjahren kam so plötzlich der Gedanke auf, mich mit meinem Lehrer für Praktische Theologie in Heidelberg noch einmal in Verbindung zu setzen. Zitternd vor Aufregung rief ich ihn endlich an. Seine Reaktion war wunderbar und ermutigend. Er lud mich zu sich nach Heidelberg zum Gespräch. Ich saß in seinem Arbeitszimmer zu Hause in Handschuhsheim wie ein gern gesehener alter Bekannter und genoss es einfach, endlich wieder in seiner Nähe zu sein.

Ernüchternd allerdings war die unendlich lange Literaturliste, die er mir diktierte und mit auf den Heimweg gab. Das alles sollte ich erstmal konzentriert lesen und dann könnten wir weitersehen mit dem Symbolisieren. Die anfängliche Begeisterung musste fürs Erste der Befürchtung weichen, dieser Hausaufgabe nie und nimmer gewachsen zu sein.

Aber ich raffte mich auf und richtete meinen Wochenplan tatsächlich so ein, dass der Donnerstag hinfort zu meinem festen Studientag wurde, an dem ich erst einmal nur las und las und exzerpierte, was mir auf dem Weg zum Entdecken der symbolisierenden Kommunikation wesentlich erschien. Ansonsten blieb ich meiner ganz normalen Ge-

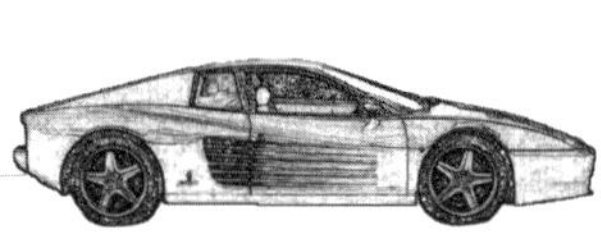

meindearbeit treu und pflegte mein „Hobby“ stillschweigend nebenbei.
Regelmäßige Kontakte verstärkten jeweils sowohl die Motivation als auch den Respekt vor der Giebelnummer. Drei Jahre vergingen so in einer nicht enden wollenden einsamen Studierstubeninkubation. Bis ich schließlich durch die Vermittlung des damaligen Leiters der theologischen Fort und Weiterbildung, Pfarrer Erhard Domay, in den Genuss eines Kontaktstudiums im Sommersemester 1992 kam. Ich bezog mit unserem Wohnwagen einen Stellplatz in Neckargemünd und fing endlich an zu schreiben über die Weltsprache Gottes und das Phänomen des Symbolisierens.
Aber es stockte zuweilen doch sehr. Ich kam nicht voran. Und das lag nach Einschätzung meines gutwilligen aber strengen Doktorvaters schlicht daran, dass ich noch keine Definition dafür gefunden hatte, was denn ein Symbol überhaupt sei. Solange ich dafür keine plausible Erklärung gefunden hätte, wäre an ein Fortkommen nicht zu denken.
Nun hatte ich inzwischen so viele kluge Bücher über das Geheimnis der Symbolkraft gelesen, dass ich vor lauter Bäumen den Wald kaum noch sah. Und dann passierte es an einem Abend im einsamen Wohnwagen wie von allein. Am nächsten Morgen traf ich meinen Doktorvater mit zwei besonderen „Zeugen“ im Gepäck, mit denen ich bei ihm etwa folgende Aussage machte:
„Ich gehöre zu der verdächtigen Gattung Väter, die sich für ihre Familien vor allem dadurch wertvoll machen, dass sie oft nicht da sind. Was rar ist, wird vermisst. In der letzten Zeit haben meine Kinder darum die Angewohnheit, mir etwas in den Koffer zu packen, was mich an sie erinnern soll. Auf diese Weise bin ich zur Zeit mit diesem Florian und dem roten Ferrari unterwegs.
Florian ist, wie man unschwer sehen kann, ein schon vom Leben gezeichneter Teddybär, Familienglied honoris

causa, und gehört meiner Tochter Katja. Sie kann eigentlich ohne Florian gar nicht einschlafen. So viel zu der Bedeutung dieser Leihgabe.
Und der Ferrari ist wie gesagt rot, wie sich das gehört, und seines Zeichens ein Matchbox-Auto, an sich inzwischen relativ wertlos als Gebrauchtwagen. Aber er gehört meinem Sohn Stefan – und der liebt Autos, und Autoverkäufer spielen wir oft, wenn ich zuhause bin. Dabei ist es wichtig zu wissen, dass dieser hier nie zum Verkauf stand und stehen wird, weil er Stefans Lieblingsrenner ist und demnach schlicht unverkäuflich, wie er mir schon mehrfach zu Verstehen gab.

So kommt es, dass Florian und der rote Ferrari mir zu denken geben. Sie sind eben mehr als ein alter Bär und ein tourengeschädigtes Spielzeugauto. Gewiss für staunende Außenstehende, die mich immer wieder etwas irritiert ob meines dubiosen Reisegepäcks belächeln, absolut nicht nachvollziehbar, für mich aber Platzhalter und Signal von großem Reiz. Sie verweisen mich nämlich an ihre jeweiligen Besitzer und an das, was sie mir bedeuten.
Ein Stück ihrer selbst, ihrer Liebe, ihrer Anhänglichkeit, auch ihres Anspruchs und Wartens steckt in beiden Gegenständen. Weil zwischen uns eine Beziehung besteht, die Florian und den Ferrari auf derselben Wellenlänge einzuordnen wissen, wird so aus bloßem Spielzeug ein Wertgegenstand, der spielend bezeugt, der mehr ist, als er scheint.
Mit anderen Worten: Was mir zum Symbol wird, braucht für einen anderen nur ein Bär oder ein Spielzeugauto zu sein."

Mit diesen oder ähnlichen Worten dekorierte ich den Schreibtisch meines aufmerksam zuhörenden Doktorvaters feierlich, legte ihm somit die Trophäen meiner nächtlichen Offenbarung vor und der Durchbruch war geschafft. Es ist ein magischer Moment gewesen, den ich nicht vergessen kann, weil es ausgerechnet das Talent des kindlichen Blickes gewesen ist, das mir und uns einleuchtend vor Augen führte, wozu ein Symbol im Stande ist.

Uns wurde klar: Symbole gibt es nicht, sie müssen sich ergeben. Durch ihren Mehrwert leuchten sie ein. Und zwar dann, wenn sie über ihre Vordergründigkeit hinaus noch etwas gespeichert haben, was wie ein zusätzliches Geheimnis denen zugänglich ist, die sich darüber verbunden fühlen und sich ohne zusätzlichen Bedarf von Worterklärungen verständigen.

Jetzt konnte die Arbeit endlich ihren Lauf nehmen. Wie im Rausch schrieb ich jetzt gefühlt Tag und Nacht über die Predigt als Prozess des Symballein.

Im darauf folgenden Jahr überstand ich auch noch das Rigorosum Dank der großartigen Unterstützung meines Freundes Peter, der mich nicht nur zur täglichen Griechisch-Lektüre verführte, sondern auch bei jeder Prüfung vor der Tür saß und mir schließlich auf dem Heidelberger Schloss den selbstgebastelten Doktorhut aufsetzte.

Meinem Doktorvater blieb ich zeitlebens dankbar verbunden. Es war eine besondere Ehre dann als sein Nachfolger über 25 Jahre im Zweiten Theologischen Examen Homiletikprüfer sein zu dürfen.

Primus inter pares

In der Kirche arbeiten ja auch nur Menschen. Mangels Alternative hat Gott auch da nur uns. Also geht es entsprechend zu. Menschlich eben. Mit allem, was dazu gehört. Mit Macht, mit Allmacht mitunter, mit Über- und Voll- und Ohnmacht auch.
Da ist es schon ein Glück, wenn sich auch in diesem Bereich Menschen treffen, die sich wohlwollend begegnen, ohne Arg und Ärger, ohne Überlegenheit und Vorsprung zu demonstrieren, ohne Untertanen zu sammeln und Oberhand zu gewinnen.
Ich hatte das unerhörte Glück, auf genau so einen Kollegen zu treffen. Es war Dekan Fritz Anefeld, mit dem ich in Landau das Vergnügen hatte zusammenzuarbeiten. Er hat mich als väterlicher Freund seit 1992 begleitet, ermutigt, beraten und unterstützt. Der Erste unter Gleichen ist er gewesen im Umgang mit seinem Pfarrkonvent. Immer souverän und gelassen, offen und tolerant, klar und mit Maß und Mitte.
Wir trafen uns erstmals auf dem Stiftsplatz in Landau. Ich war gerade im Kontaktstudium in Heidelberg und hatte von der ausgeschriebenen Pfarrstelle an der Stiftskirche gehört. Mit dem Fahrrad kam er zur Verabredung am Freitagabend im Juni. Er klingelte mit seiner Holland-Schelle von Weitem, als er mich sah. Ich kann es heute noch hören. Er führte mich durch das erhabene Kirchenschiff, zeigte mir das Pfarrhaus und die Gemeinderäume. Der Posaunenchor hatte sich gerade zur wöchentlichen Probe eingefunden. Die Musik war Begrüßung in meinen Ohren.
Unsere Begegnung war völlig unspektakulär. Er beantwortete meine Fragen und blieb die ganze Zeit absolut sachlich und zurückhaltend. Wir verabschiedeten uns in völliger Offenheit, wie es denn womöglich mit uns weiterge-

hen könnte. Ich fuhr mit meinen Eindrücken erst einmal nach Hause.
Im September zogen wir um. Unsere Zusammenarbeit ergab sich problemlos kollegial, ergänzend, zuarbeitend, nach Neigung und Notwendigkeit.
Besonders spannend wurde es immer dann, wenn seine altbewährten Arten und Weisen der Arbeit mit Konfirmanden, im Gottesdienst, mit Gruppen und Kreisen auf meine neuen ungestümen Ideen stießen. Schließlich waren wir Vertreter zweier unterschiedlicher Generationen. Dann wurde es immer spannend, aber niemals konfrontativ. Er war sich selbst bewusst, seiner Sache gewiss und ließ sich nicht irritieren von meinen Experimenten. Und ich schaute mit Respekt und Anerkennung auf die von ihm garantierte Qualität und über Jahre evaluierte Routine.
Als Paradebeispiel für unsere friedliche Koexistenz mag das alternative Gottesdienstmodell „STOP and GO" gelten, mit dem wir 1994 starteten. Es sollte, wie der Name schon sagt, ein Kommen und Gehen sein, am Sonntagnachmittag. Wir wollten die Fußgängerzone verlängern bis zum Altar. Im Herzen unserer Stadt sozusagen ein Drive-in für Gottesdienstflanierer anbieten.
Schon meine Beschreibungen des Konzepts im Presbyterium ließ meinen Kollegen neben mir erschaudern. Ich höre mich noch heute einen Werbespot nach dem anderen absenden, selbst begeistert und längst überzeugt von der unbedingt notwendigen Ergänzung unseres Gottesdienstprogramms durch eine solche Alternative.
Aber für meinen Dekan muss es schrecklich gewesen sein, Sätze zu hören wie: „Das ist der Gottesdienst mit der Laufmasche. Das Kirchenerlebnis zum Eintreten und Wohlfühlen. Wir schaffen den Kirchenschlaf ab mit dem Kostprobengottesdienst, bei dem alle selbst entscheiden, wie lange er dauert. Stop and go als Tummelplatz für Pfadfinder von Um- und Auswegen. Wir geben Ihrer Zuflucht ein Zuhause. Die alte Kirche auf neuen Wegen! Es

gibt Kaffee und Kuchen, Musik und Texte, Gespräche und Aktionen, Interviews und Theater. Gottes Sprechstunde am Sonntagnachmittag mit gleitender Öffnungszeit ..."
„Das ist kein Gottesdienst für mich!" hat er dann irgendwann seufzend zu mir gesagt. Und ich habe ihm geantwortet. „Der ist ja auch nicht für Sie. Der ist für andere!"
Spöttisch gab er mir zu verstehen, dass er von Krümelkuchen und Kaffeetassen in seiner Kirche überhaupt nichts halte. Und ich sagte: „Am Besten, Sie gehen in der Zeit wandern in den Pfälzerwald!"
Trotz größter Bedenken stimmte er für die Erprobung dieses Modells. Und als es ein Erfolg wurde, hatte er die Größe sich mit zu freuen und setzte alles daran, dass es im Presbyterium eine Mehrheit dafür gab, dieses Angebot fortzuführen.
So wurden wir zu einem Dream-Team. Unsere Verschiedenheit war nie Konkurrenz. Wir ergänzten uns, ohne einander zu verletzen. Die Gemeinde dankte es uns mit großer positiver Resonanz auf die Arbeit beiderlei Art.

Eines Tages nahm er mich mit zur Aufnahme seiner Morgenandachten beim SWR in Mainz. Was wie eine Spazierfahrt aussah, entpuppte sich schließlich als Hinführung in ein neues Arbeitsfeld, für das er mich gewinnen wollte. Seine Probefahrt mit mir war der Anfang eines neuen Weges, den ich nunmehr seit über 25 Jahren gehe. Und er hat mich dahin gebracht.
So auch in die Nachfolge in sein Amt als Dekan des Kirchenbezirks. Es ist seine Initiative gewesen, mich zu fragen, ob ich mich nicht bewerben wollte, nachdem er aus persönlichen Gründen früher als geplant auszuscheiden gedachte. Ich habe ihn auch da als völlig unaufdringlichen Berater und Förderer erlebt.
Und als ich nach sechs Jahren plötzlich mit dem Gedanken spielte, seiner Nachfolge doch wieder untreu zu werden, weil sich ein neues Arbeitsfeld auf einer gesamtkirchlichen Ebene im Missionarisch-Ökumenischen Dienst unserer Landeskirche als Herausforderung anbot, da ist er es wiederum gewesen, der mir den entscheidenden Impuls zur Bewerbung gab.
Ich habe vor allem ihm zu verdanken, dass am Ende meines aktiven Dienstes die Erinnerung an ein gelingendes Miteinander in meiner Kirche bei weitem überwiegt. Und für diese Bilanz bin ich ihm – auch posthum noch – sehr dankbar.

Fromm und politisch

Manchmal reicht eine einzige Begegnung und ein Mensch trägt sich ins Bordbuch des Lebens für immer ein. Bei ihm genügte eine halbe Stunde, ein Augenblick nur, um mich nachhaltig zu beeindrucken, ja zu erschüttern.
Ich war Abiturient und trug mich mit dem Gedanken, den Kriegsdienst zu verweigern. Das war in den 1970er Jahren noch eine mühsame Angelegenheit mit notwendiger schriftlicher Gewissensbegründung und mündlicher Verhandlung.
Man brauchte dazu unbedingt fachlich fundierte Beratung und Begleitung. Und dafür hatte unsere Kirche tatsächlich eigens Pfarrer beauftragt, die sich dieser Leute annahmen. Einer davon ist Karl Börner gewesen. Er begleitete die Verweigerer sogar in den Verhandlungen bei der sogenannten Gewissensprüfung.
Ich wollte ihn kennenlernen und fuhr ins Martin-Butzer-Haus nach Bad Dürkheim zu einer Tagung für potentielle Kriegsdienstverweigerer. Es ist eher eine Informationsveranstaltung zum Thema allgemein gewesen. Pfarrer Börner war einer der eingeladenen fachkundigen Referenten. Zu unserer Überraschung begann er sein Referat mit einer fulminanten Bibelarbeit. Der lag ein Abschnitt aus der Bergpredigt zugrunde, über deren Sprengkraft und politische Dimension sich niemand zuvor im Klaren gewesen war. Konkret ging es um Matthäus 5,21ff. Dort sagt Jesus:
„Ihr wisst, dass unseren Vorfahren gesagt worden ist: Du sollst nicht morden! Und: Wer einen Mord begeht, der gehört vor Gericht. Ich sage euch aber: Schon wer auf seinen Bruder oder seine Schwester wütend ist, gehört vor Gericht. Wer zu seinem Bruder oder seiner Schwester Dummkopf sagt, gehört vor den jüdischen Rat. Wer Idiot sagt, der gehört ins Feuer der Hölle!“

Niemand war auf eine schiere Wucht und Härte der folgenden Auslegung gefasst, als uns Karl Börner sagte, Jesus setze hier die innere Bereitschaft zu einer Tat mit dem praktischen Vollzug radikal gleich. Was nichts anderes bedeute, als dass die Vorbereitung und Ausbildung zum Töten eines vermeintlichen Feindes schon die Tat vorwegnimmt. Wir töten im Kopf und im Herzen, ehe wir es mit der Waffe in der Hand tun.

Das hat gesessen. Das hat uns sprachlos gemacht. Und das sollte tatsächlich so in der Bibel stehen?

Niemals zuvor hat mich eine Bibelauslegung so beeindruckt. Während Karl Börner seine Pfeife rauchte, rauchte uns der Kopf, ja brannte uns das Herz vor Erschrecken und Staunen. Konzentriert und ernsthaft, begeisternd und überzeugend interpretierte uns hier jemand einen biblischen Befund derart relevant für die aktuelle ethische Frage. Eine Bibelauslegung mit dieser konsequenten Dringlichkeit und Relevanz, fromm und politisch zugleich, hatte ich noch nie zuvor gehört. Unerhört sozusagen ist es für mich gewesen, was ich an diesem Nachmittag als theologische Quintessenz mit nach Hause nahm.

Damals ahnte ich nicht, dass wir viele Jahre später als Kollegen und Freunde zusammenarbeiten würden. Als späterer Leiter des Volksmissionarischen Amtes der Evangelischen Kirche der Pfalz lud er mich zur Mitarbeit bei der Prädikantenausbildung ein. Es wurde für mich die beste Fortbildungsmaßnahme, die ich mir wünschen konnte.

Karl Börner verband ein enormes theologisches Knowhow mit einer unaufdringlichen Herzensfrömmigkeit. Jede Bibelarbeit von ihm war ein Stück Studium und

Glaubenshilfe zugleich. Kompetenz und Kontemplation. Tiefe und Dichte. Gebetsraum und Spielraum für theologisches seriöses Grundwissen. Er vermittelte uns die wunderbare Erkenntnis: Du kannst glauben, ohne dabei den Verstand zu verlieren. Im Gegenteil: Den brauchst du dafür unbedingt! Glaube will und soll wissend sein. Geistliche Nahrung muss geistreich begründen, sich verantwortlich plausibel machen, wissenschaftlich-theologisch bestehen können.

Und damit machte er das Volksmissionarische Amt zunehmend zu einer Sammelstelle für ehrenamtlich mitarbeitende Männer und Frauen aus den Gemeinden landeskirchenweit. Hier wurde auf beeindruckende Weise gemeinschaftsstiftende Weggefährtenschaft eingeübt. Er machte die Leute als angebliche Laien zu Experten des Lebens mit Gott. Sie wurden sprach- und auskunftsfähig dabei.

Karl Börner gehörte schließlich zu den Baumeistern des neuen aus Volks- und Weltmission entstandenen gesamtkirchlichen Dienstes mit dem Namen MÖD (Missionarisch-Ökumenischer Dienst). Er ist und bleibt über seinen Tod hinaus ein Missionar der besonderen Art. Mit einer Verkündigung, die immer auch im Hier und Heute eine Zumutung ist. Fromm und politisch eben!

Postbus

Irgendwie hatte es sich schnell herumgesprochen. Der Burgdörfer hat sich übernommen. Das hatten viele so kommen sehen. Und jetzt war es passiert. Das konnte ja nicht gut gehen, sagten die Leute, die es wissen mussten. Und, dass so was von so was kommt …
Eine Gesichtslähmung setzte mich komplett außer Gefecht. Über Nacht. Merkwürdig war der Anblick am Morgen im Spiegel, als ich mein schiefes Gesicht sah. Und als ich dann beim Frühstück weder zubeißen noch trinken konnte, war die Irritation groß.
Und dann fiel auch noch das Auge auf, das nicht mehr auf und zu ging. Und irgendwie nicht mehr zu mir gehören schien. Der richtige Schock aber kam erst, als ich vergeblich zu sprechen versuchte und plötzlich nichts mehr herausbrachte, jedenfalls nicht das, was ich sagen wollte.
Die Therapie sollte langwierig werden und, wenn überhaupt, erst nach Monaten erfolgreich. Ich war Mitte 30 und konnte mir nicht vorstellen, wie ich in Zukunft ein Pfarrer sein sollte, wenn ich nicht mehr richtig sprechen konnte. Eine Weltuntergangsstimmung machte sich breit. Ich zog mich zurück, ging viel mit dem Hund spazieren und ansonsten in mich.
Und dann kam der Anruf. Er hätte von meiner Situation erfahren. Er wolle sich nicht aufdrängen, aber seine Hilfe anbieten. Er sei Kollege und würde gerne vorbeikommen. Alles Weitere würde er mir dann erklären. Irgendwie kam mir das alles schon sehr merkwürdig vor. Ich kannte den Namen nicht und hatte aber auch keine Gegenwehr geleistet.
Also stand er wenige Tage später vor der Tür. Ich bat ihn ins Büro. Wir saßen uns gegenüber. Freundlich erkundigte er sich nach meinem Befinden. Da gab es ja nicht viel zu erklären. Es war ja nicht zu übersehen.

Jetzt schilderte er mir völlig unaufgeregt sein Angebot. Ihm sei in den letzten Jahren eine besondere Gabe zugewachsen, von der er selber vorher nichts wusste. Aber es hätte sich zu seinem eigenen Staunen gezeigt, dass er mit seinen Händen heilen könne. Nicht aus sich, sondern weil

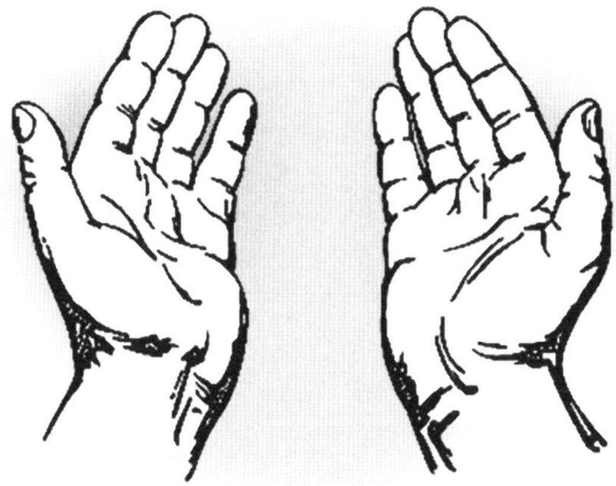

er von Gott dazu begabt worden sei. Er habe also zunächst in seiner Familie erfolgreich seine Hände aufgelegt, bei Schmerzen der verschiedensten Art, und dann sei er mutiger geworden und hätte es Menschen angeboten, die ihm ihr Vertrauen schenkten. Und nun sei er hier, um mit mir zu beten.

Ich spürte deutlich, wie in mir der Widerstand und die Skepsis wuchsen. Ich hatte nicht das geringste Vertrauen und wollte auch von der Sache nichts weiter wissen. Unhöflich wollte ich aber auch nicht sein. Und so gab ich nach und tat so, als würde ich mich einem ersten Versuch stellen. Er bat mich, auf einem Stuhl Platz zu nehmen, stellte sich hinter mich und begann nach einer Zeit des Schweigens zu beten.

Das tat er aber nur sehr kurz. Er brach sozusagen mittendrin ab, ging ein paar Schritte weg und stellte mit Bedauern fest, dass es nicht funktioniert. „Sie leisten einen so starken Widerstand!“ sagte er. „Es ist eine richtige Mauer da. Eine totale Blockade. Und gegen Ihre innere Überzeugung kann das nicht gehen. Es tut mir leid. Ich habe Sie unnötig belästigt.“ Er verabschiedete sich unversehens, aber nicht ohne den Hinweis, dass ich mich melden könne, wenn ich das wollte.
Von dieser Begegnung war ich ziemlich geschafft. Ich ging hoch in die Wohnung und erzählte der Familie, was geschehen war. Zu meiner Überraschung sagte meine damals zehnjährige Tochter völlig verwundert, dass sie gar nicht verstehen könne, das ich ein Pfarrer sei, der nicht glauben würde, dass Gott heilen kann – und warum ich nur diesen Mann einfach hätte weggehen lassen …
Das hat mir zu denken gegeben, aber ich behielt trotzdem meine Aversion und meinen Vorbehalt.
Ich besuchte weiterhin meine Elektrotherapie und machte fleißig meine Sprechübungen. Ganz bestimmte Wörter hatte ich als Testvokabeln von meiner Ärztin gesagt bekommen, um meine Artikulation wieder zurück zu gewinnen. Dabei kam es vor allem auf das Produzieren von Konsonanten an, bei denen die Lippen fest zusammen gepresst werden mussten. „POSTBUS“ stellte sich bald als die schwierigste Hürde heraus.
Katja setzte sich vor mich auf den Küchentisch und leitete das Probesprechen. (Das Wort POSTBUS gehört darum bis heute zum innerfamiliären Geheimcode).
Es war und blieb mühsam. Tage später rief ich meinen Kollegen noch einmal zurück. Wir vereinbarten einen neuen Termin.
Als er kam, spürte ich keinen Vorwurf. Er war herzlich und zurückhaltend. Wir vereinbarten, uns zu duzen. Nach einem kurzen Austausch erklärte er mir noch einmal kurz das Setting. Aber ich hörte gar nicht wirklich

zu. Ich wollte mich einlassen. Ich wollte naiv sein, meine Vorbehalte zurückstellen, den Widerstand zum Schweigen bringen. Ich wollte ein Pfarrer sein, der glaubt, dass Gott heilen kann. Ein Menschenkind, das sich anvertraut.

Ich nahm auf dem Stuhl Platz. Er fing an, uns bei Gott sozusagen anzumelden. Er redete mit Gott, wie mit einem Freund. Bat ihn herein, bot ihm Platz an und Nähe, unterstellte ihm, dass er der Schöpfer allen Lebens ist und dass ihm darum nichts unmöglich sei. In Jesu Namen!

Plötzlich wurde es warm. Mein Kopf und mein Nacken waren wie umgeben von einer Woge wirklich wärmender, wohltuender Ausstrahlung. Es durchfloss mich wie ein angenehmer Strom. Ich konnte es gut spüren. Es war überhaupt nicht lästig oder unangenehm. Es bedurfte auch keiner Erklärung.

Irgendwann kam ein Amen. Und eine wohltuende Stille.

Er verabschiedete sich ganz dezent. Er fragte nicht, wie es war, was ich empfunden habe und ob es gut oder schlecht für mich gewesen sei. Er ging.

Wir haben diese Gebetshaltung noch ein-, zweimal genauso wiederholt.

Bei einer der nächsten Kontrolluntersuchungen sprach meine Ärztin mit vollem Ernst von einem Wunder und ich habe ihr nicht widersprochen. Ich habe auch nicht versucht, es irgendwem gegenüber plausibel zu machen. Ich war selbst so stark Teil dieses heilsamen Prozesses, war auch beschämt und unglaublich irritiert.

In so einem Zustand macht man keine Pressekonferenz. Da sagt man nur POSTBUS. Und nimmt dankbar sein Kind in den Arm. Und wird gesund.

Hausbesuch und Straßenfest

Besuche zum Geburtstag gehören zum Alltag im Pfarramt. Schon im Vikariat haben sie mich ständig losgeschickt, um alten Menschen die Glück- und Segenswünsche der Kirche zu überbringen. Dabei gibt es im ganzen Jahr wahrscheinlich keinen Tag, der so ungeeignet wäre für einen Hausbesuch.

Begegnung und Gespräch sind jedenfalls an so einem Trubelevent eher nicht möglich. Aber es wurde früher unbedingt erwartet, dass sich Kirche da zeigt, heute wird es mitunter nur noch geduldet und in Zukunft werden wir auch damit rechnen müssen, eher unerwünscht zu sein. Jedenfalls unangemeldet geht das gar nicht mehr. Trotzdem ist und bleibt der Besuch ein genuiner Bestandteil christlicher Gemeinschaft. Und wer weiß, welchen Stellenwert er wieder bekommen wird in einer Zukunft, die von viel Einsamkeit und Isolation gekennzeichnet sein wird.

Nicht immer haben mir Geburtstagsbesuche nur Freude gemacht. Ich gebe zu, dass sie manchmal auch lästig waren. Vor allem, wenn man sich dabei dem spontan einberufenen Jüngsten Gericht hat stellen müssen und für alle Schandtaten der keinesfalls glorreichen Kirchengeschichte schuldig gesprochen werden sollte. Und auch die Verteidigung des lieben Gottes, der doch nicht immer lieb ist, kann sehr mühsam und einigermaßen erfolglos sein.

Aber es gab auch immer wieder Besuche, die sind so erfreulich und beglückend gewesen, dass sie einfach in Erinnerung bleiben. Und dazu gehört zweifellos mein Besuch bei meiner Dampfnudeloma. Und das kam so:

Es war ihr 80. Geburtstag. Mein Besuch war angemeldet. Sie hatte mich erwartet. Es war auch sonst niemand gekommen. Als ich erschien, war der Kaffeetisch gedeckt. Sie sagte „Wir kennen uns nicht. Ich bin keine Kirchgän-

gerin!“ Und dabei hatte sie nicht das geringste schlechte Gewissen, was mich mächtig beeindruckt hat. Ich fand es sonst immer ganz schrecklich, wenn mein bloßes Erscheinen die Leute schon dazu gebracht hat, ereiferte Rechtfertigungsplädoyers zu halten. Sie gar nicht. Das war befreiend. Und total unkompliziert. Unser Gespräch war zugewandt und herzlich.

Mir fiel auf, wie schmal und blass sie aussah, und so fragte ich ganz frech, ob sie sich das Essen wohl ganz abgewöhnt habe. Darauf hin schaute sie mir tief in die Augen und meinte: „Es gibt niemanden, der mir einen guten Appetit wünscht. Und alleine schmeckt es mir nicht.“

Und da haben wir spontan vereinbart, dass ich in Zukunft einmal im Monat zu ihr zum Essen komme. Wir haben einen festen Besuchstag eingeführt. Jeweils am letzten Freitag im Monat, wenn ich sowieso gegenüber in der Kindertagesstätte zum Wochenschluss andächtig bin, komme ich anschließend zu ihr. So das Versprechen. Um halb eins.

Und dann hat das immer schon angefangen, ehe es begonnen hat. Denn am Mittwoch hat sie den fälligen Hausputz gemacht, weil es sauber sein muss, wenn Besuch kommt. Donnerstags ist sie zum Friseur gegangen. Weil die Dauerwellen immer nur knapp vier Wochen halten. Angeblich. Ich kenne mich damit nicht aus.

Und wenn ich am Freitag um halb eins geklingelt habe, dann hat sie immer mit weißer Schürze dagestanden und mich mit einem strahlenden Gesicht empfangen. Es hat immer Dampfnudeln gegeben. Weil sie mich gefragt hatte, was es bei uns zuhause nicht gibt und was ich mir wünsche. Und Dampfnudeln gibt es bei uns praktisch nie. Weder mit Vanillesoße noch mit Gulasch. Dabei gilt es als eine Pfälzer Spezialität.

Und sie hatte ein Hausrezept. Das sie im Übrigen nie verraten hat. Vor allem, was das Herstellen der Knusperkruste betrifft. Da ließ sie sich ihren Trick nicht entlocken. Betriebsgeheimnis hat sie immer gesagt. Wir saßen immer im Esszimmer, zur Feier des Tages. Da aß sie sonst nie. Wenn dann hat sie im Stehen in der Küche nebenbei was gegessen.

Ich war dann zuerst für das Tischgebet zuständig und sie für das Servieren. Beides hat in der Regel einwandfrei geklappt. Und weil die Liebe bekanntlich durch den Magen geht, musste ich der Liebe wegen immer ziemlich viel essen. Und danach erzählte sie mir noch von früher, vom Krieg, von dem Bombenangriff auf die Südstadt, von dem jungen Mann, den sie so lieb gehabt hat und der nie wiedergekommen ist, von den Kindern, die weit weg wohnen, und von dem Heimweh und der Einsamkeit, die krank macht und dünnhäutig. Das war nie ein Jammern, das war immer ein stolzes Klagen. Und es war immer auch ein Ringen mit dem rätselhaften Gott.

Und dann haben wir uns verabschiedet. Sie hat mich nie aufgehalten. Wir waren ja verabredet. Wir hatten ja einen nächsten Freitag. Und außerdem hat sie anschließend aus dem Hausbesuch immer noch ein Straßenfest gemacht.

Denn nach meinem Weggehen, hat sie die Schürze ausgezogen und den Mantel an, einen Korb unter den Arm geklemmt und die übrigen Dampfnudeln eingepackt. Und damit ist sie zu den anderen alleinlebenden Menschen in ihrer Straße gegangen, um ihnen ein bisschen Lebensmut mit Dampfnudelgeschmack vorbeizubringen.

So hatte also der Geburtstagsbesuch von damals seine Fortsetzung gefunden. Und eine ganze Straße belebt. Bis kurz vor ihrem Tod war die Dampfnudeloma unterwegs. Bei ihrer Beerdigung war die ganze Straße dabei. Es war, als ob wir uns alle kennen würden. Und eigentlich taten wir das ja auch.

Allein im Zimmer

„Leg mal deinen Terminkalender weg und deine Visitenkarte. Steig mal aus deinem Auto und setz dich auf dein klappriges Fahrrad. Halt schön deinen Mund, du hast hier erst einmal gar nichts zu sagen. Ungewöhnlich, ungewohnt, was? Jetzt bist du ganz schön aus dem Häuschen im Niemandsland. Und da du jetzt ganz alleine mit dir hier bist, kann es durchaus sein, dass du dich triffst. Nimm dich in Acht! Du bist jetzt auf Entzug von deinem alltäglichen Alltag. Jetzt geh mal schön in dich. Das ist weit genug“ (Tagebucheintrag vom 4. April 2005).

Nach Jahren der Umbrüche und Neuanfänge, zwischen Pfarramt, Dekanat und gesamtkirchlichem Dienst, habe ich das Angebot meiner Kirche zu einer heilsamen Unterbrechung angenommen. Ich nahm eine Auszeit, die man bei uns Kontaktstudium nennt, weil sie zurückführen soll in den fast vergessenen universitären Kontakt.

Eine einmalige Chance, sich dem täglichen Diktat der ständig geforderten Kreativität und Aktion zu entziehen, um endlich wieder einmal ohne Zeitdruck und ständige öffentliche Präsentation zur Ruhe zu kommen. Ein „theologisches Recycling“ sozusagen im Schutzraum der Anonymität und Unabhängigkeit. Das ist die eine Seite.

Die andere heißt knallhart: Einsamkeit. 1000 Kilometer von zuhause weg. In Greifswald. In einer Studentenbude im Wohnheim. Von heute auf morgen auf mich alleine geworfen. Von Ruhe keine Spur. Aus dem Getriebe der Menschenflut in eine erst einmal ungewohnte Menschenleere. Hin- und hergerissen zwischen Flucht und Flattern stoße ich auf das Zitat von Blaise Pascal: „Wenn ich mich zuweilen damit beschäftigt habe, die vielgestaltige Unrast der Menschen zu betrachten, die Gefahren und Mühsale, denen sie sich aussetzen …, habe ich entdeckt, dass das

ganze Unglück der Menschen aus einer einzigen Ursache kommt: Nicht ruhig in einem Zimmer bleiben können!"
Tatsächlich ist es zwar mitunter sehr anstrengend, mit ganz vielen Menschen zusammen zu sein. Aber noch mehr Herausforderung kann es sein, keine Menschenseele um sich zu haben. Und dann mit sich allein im Zimmer zu sein. Noch keinen Plan zu haben. Noch keine Kontaktpersonen, keine Anbindung, keine Regeln. Keinen Rhythmus.
Ich fing an zu üben, wie es ist, zwischen meinem Zimmer mit der Nummer 1561, der Mensa, dem Institut, den Vorlesungen, Seminaren, der Bibliothek meinen Weg zu suchen und eine Balance zu finden.
Dabei lebte ich doch in einem Luxus pur. Weit weg von jedweder Anforderung, anonym, völlig frei. Ich fühlte mich unwillkürlich an den alten Pädagogenspruch erinnert, der mir schon immer das Schmunzeln ins Gesicht getrieben hatte: „Müssen wir wieder machen, was wir wollen, oder dürfen wir machen, was wir müssen?"
„Ich habe mir einen Altar gebaut – wie die Urväter. Das hatte ich noch nie. Um in diesen Tagen bewusster das Gebet zu leben, habe ich den kleinen Tisch an der Wand einer doppelten Funktion zugeführt: Auf der einen Seite sitze ich, um zu essen, und von vorne knie ich, um zu beten.
Leib und Seele an einem Tisch. Ein gute neue Erfahrung!"
(Tagebucheintrag am 10. April 2005)
Ich habe also Zeit. Zeit zum völlig zweckfreien Beten. Zeit mit Gott. Besuchszeit sozusagen. Wir sind allein. Endlich einmal.
Zeit zum Zeitung lesen. Unglaublich.
Zeit zum Bücher lesen. Und zwar ganz weltliche Literatur. Auch.
Zeit zum Übersetzen des Matthäusevangeliums.
Zeit zum Lernen von Englisch-Vokabeln.

Zeit zum Briefeschreiben. Am Ende der Zeit waren es über 40.
Zeit für Sport. Vor allem, wenn ichs zum Davonlaufen finde …
Zeit zum Buch schreiben. Das Trauerbuch entsteht. BEI TROST. (zusammen mit M. Kuhm)
Ein Sommersemester, ein Sabbatical in Greifswald. Menschenskind. So ganz ohne Leute. So ganz bei mir. Und mit heimwehkrankem Herzen sehnsüchtig vermissen, die ich liebe. Aber auch die allmähliche Vertrautheit mit Studierenden, die meine Kinder sein könnten. Die Intensität der Gespräche. Die Offenheit und Toleranz des Ostens. Der wohltuende Platz auf der anderen Seite des Tisches als Teilnehmender, als Zuhörer, der Altes und Neues hört und erinnert. Die Atmosphäre und Qualität der Seminargottesdienste und ihrer Auswertung mit Professor Michael Herbst und seinen Leuten.
Glücklich zu preisen, wem es vergönnt ist, in Greifswald der Praktischen Theologie zu begegnen. April bis Juni 2005. Kontakt und Studium generale.

Engel gibt's!

Sie sind überall. Unsichtbar meistens machen sie allerhand. Ohne viel Aufhebens heben und tragen und machen und tun sie was. Wir merken das, wenn überhaupt, erst hinterher, oder gar nicht.
Ich habe in meinem Leben ganze Heerscharen von talentierten Gottesleuten verschlissen. Vor allem auf den Nachtfahrten durch die schöne Pfalz. Die ist zwar flächenmäßig nicht so groß, aber es zieht sich schon, wenn man am späten Abend um 22.45 Uhr sagen wir in Ulmet nach einem Vortrag aus dem Gemeindehaus kommt und dann noch nach Hause in die Südpfalz fahren muss. Dann habe ich schon das eine über das andere Mal spätestens bei der Raststätte Pfälzer Weinstraße auf Autopilot geschaltet und mir den berühmten Sekundenschlaf erlaubt. Und hätten mir da nicht immer und immer wieder Schutzengel mit Führerschein rechtzeitig ins Lenkrad gegriffen, ich wäre seltener heil angekommen.
Auch sonst habe ich unverschämt viel Gottes Bodenpersonal in Anspruch genommen. Habe mich von ihnen lenken und leiten lassen, auf der Suche nach Straßen, Häusern, Kirchen, Friedhöfen und Waldhütten.
Stellvertretend will ich mich bei zwei nebenamtlichen Engeln bedanken, die mir stark in Erinnerung geblieben sind:
Einer ist Fahrrad gefahren. Engel können das. Können das auch. Wir haben eine Fahrradfreizeit gemacht. In den Osterferien. Mit einer Gruppe Jugendlicher aus meiner ersten Kirchengemeinde in Gundersweiler am Donnersberg. Es sind wohl etwa 20 Jungs und Mädels gewesen und ein paar erwachsene Begleitpersonen.
Auf einem wunderbaren Fahrradweg am Rheinufer waren wir unterwegs von Speyer nach Worms. Die Stimmung war prächtig, das Wetter auch. Abgesehen von einem

Platten und einem leichten Sturz lief alles rund. Fast schon am Ziel, kam uns plötzlich einer mit einem alten Drahtesel entgegen. Er fuhr mitten auf dem Weg, machte keine Anstalten uns irgendwie auszuweichen, sondern zwang uns zum Anhalten.

Einigermaßen irritiert stieg ich ab und schaute ihn an, wie man eben einen anschaut, der sich so breit macht. Er spürte natürlich meine Verunsicherung und sagte: „Ihr müsst schon entschuldigen! Ich stelle mich so unverschämt in den Weg, weil ich euch warnen muss. Da vorne hinter der Kurve hört nämlich dieser Fahrradweg ganz plötzlich auf und mündet direkt in die Bundesstraße. Da ist ganz viel los. Das ist echt gefährlich. Ihr müsst gut aufpassen!“

„Oh Danke!“ sagte ich nur, da ist er schon wieder aufgesessen und war auf und davon.

Beim Abendessen in der Jugendherberge sagte mein Freund Gernot, der mich bei diesen Touren immer begleitete: „Das muss wohl ein Engel auf dem Fahrrad gewesen sein!“ Ich stimmte zu und sagte zu ihm nur noch: „Aber ziemlich klapprig, der Dienstwagen!“

Der zweite Engel, dem ich danken will, ist schon ziemlich alt gewesen. Aber was heißt das für Engel schon. Für die gibt’s ja keinen Ruhestand. Jedenfalls sind wir auf dem Heimweg aus dem Urlaub gewesen. Da ist man ja sowieso

gefährdet ohne Ende. Bei diesem Übergang aus dem Verschonmodus in die freie Wildbahn dieser lauten, schnellen Welt. Da heißt es aufgepasst!
Da streikt unser Auto. Es setzte einfach bei voller Fahrt komplett aus. Wir blieben sozusagen auf der Strecke. Mit Müh und Not haben wir es gerade noch geschafft, runter zu rollen von der Autobahn. Und dann standen wir also da am Straßenrand. Gut 700 Kilometer weit weg von zu Hause.
Warndreieck aufstellen, Pannenhilfe rufen, Hund beruhigen, Wohnwagen umräumen, warten. Bis gelbe Engel kommen, das kann auch dauern. Sie fliegen langsam.
Eine gefühlte Ewigkeit standen wir da in der Mittagshitze. Keine Ahnung was kommt. Da kommt sie. Eine alte, etwas vorn übergebeugte, freundlich dreinschauende Frau. Sie musste uns wohl schon länger von ihrem Häuschen aus beobachtet haben. Und dann hatte sie offenbar den Entschluss gefasst, bei uns Erste Hilfe zu leisten. Sie trug einen Teller vorsichtig vor sich her mit Kuchen und Schokolade. Seelennahrung also. Das kann bekanntlich Leben retten. Und an ein Getränk hat sie auch gedacht. Und an Wasser für den Hund natürlich.
Ihre Sprache haben wir nicht verstanden, sie aber schon. Sie strahlte uns an mit einem so offenen Menschenkind-Gesicht. Tröstlich, mutmachend, wunderbar. Sogar der Hund fing an zu wedeln. Der hat eine Schwäche für Engel. Dann kam der Abschleppwagen. Wir haben uns herzlich bedankt und waren froh, dass es jetzt weiterging. Das Gesicht unseres Pannen-Kuchen-Engels aber leuchtet uns bis heute noch ein.
Engel gibt's! Sie sehen von Weitem wie ganz normale Menschen aus – und sind es auch. Haben nur eine kleine Zusatzaufgabe nebenbei. Und mit der leisten sie Großes. Stehen im rechten Moment am richtigen Ort. Wie der Freund mitten in der Nacht. Ganz ohne Flügel, aber mit himmlischem Glanz.

Hans

Eines Tages stand er da. Im Hof. Vor dem Pfarrhaus. Wir waren verabredet. Wir kannten uns vom Sehen. Von Weitem. Das sollte sich ändern. Ziemlich sogar. Ziemlich langsam und ziemlich lange. Elf Jahre – und die gemeinsame unheimlich schöne und schwere Entdeckung der Kunst des Sterbens lagen vor uns.
Er hatte gerade die schlimme Diagnose dieser todsicheren Krankheit bekommen. Von heute auf morgen war sie da. Mitten im Leben. Völlig unerwartet, unbrauchbar, unmöglich und unbedingt.
Und weil er ein scharfer Denker und ein pragmatischer Macher zu sein gewohnt war, kam er zu mir, dem vermeintlichen Fachmann für das abgründige Bewerkstelligen des Todes, und sagte sachlich rational völlig gefasst, dass er sich jetzt gezwungen sehe, sich mit Tod und Sterben zu befassen. Dafür sei er kein ausgebildeter Fachmann so wie ich, und deshalb wolle er jetzt mit mir zusammen das Problem bearbeiten. Nicht weil er damals schon resigniert hatte, keineswegs, aber weil er dem bevorstehenden Grenzgang realistisch ins Auge sah und dabei nicht ohne fachkompetente Beratung auskommen wollte.
Ausgerechnet mich hatte er sich dafür ausgesucht. Ich fühlte mich absolut überfordert und sagte ihm das auch. Das bewertete er wiederum als Ausdruck meiner zweifellos vorhandenen Kompetenz. Es gab also kein Entrinnen.
Und jetzt trafen sich mit uns zwei Welten, wie immer wenn sich zwei Menschen treffen. Aber in unserem speziellen Fall ist es noch einmal etwas ganz Besonderes gewesen und erst recht geworden. Unterschiedlicher wie wir beide gestrickt sind und waren, hätten sich zwei Gegensätze nicht suchen und finden können.

Er, der Logische, ich, der Theologische. Er, der wissenschaftlich denkende Kalkulierer, und ich, der Wackelkandidat des Glaubens. Er, der Fragende, und ich, der selten eine befriedigende Antwort wusste.
Heute glaube ich, dass wir Zwei im Laufe der gemeinsamen Zeit mindestens einmal um die ganze Welt gelaufen sind. Bei unseren regelmäßigen Wanderungen und dem Angehen und Davonlaufen gleichermaßen haben wir uns so oft und so intensiv mit den unaufhörlichen Fragen beschäftigt, wie Sisiphos bei seiner unendlichen Gipfelnummer. Immerzu und immer wieder rangen wir mit dem so gnadenlosen wie unbezwingbaren WARUM: Warum ich? Warum jetzt? Warum so?
Schonungslos oft, hilflos auch, was den chronischen Überschuss an Ratlosigkeit betrifft, aber immer mit einer grenzenlos zugelassenen Offenheit. „Wir können uns keine Kulisse leisten!“, hat Hans mir in allen Variationen immer wieder zu verstehen gegeben.
Fluchtbewegungen in Scheinlösungen, Verdrängen und Schönreden sind ein Tabu, das wir nicht gebrochen haben. Wenn das Leben definitiv zu kurz ist für schlechten Wein, dann auch für die Vergeudung von wertvoller Restlaufzeit durch Lüge und Spekulation.
Und je öfter wir gerungen haben, desto mehr haben wir entdeckt, dass nur wer auch mal am Boden ist wirklich Tiefgang bekommt. Und auf einmal haben wir angefangen zu ahnen, dass das Sterben womöglich die größte aller Lebensaufgaben für jeden von uns wird. Bis ich Hans kennenlernte, habe ich immer gedacht: Das Schwerste von allem sei es, das Leben in den Griff zu bekommen. Mit ihm lernte ich, dass es loszulassen wahrscheinlich die noch weit größere Herausforderung ist. Damit ist aber bei ihm die Achtung vor dem Geschenk des Lebens nicht etwa gesunken, sondern enorm groß geworden. In einer Welt der vermeintlich Gesunden und deshalb Ahnungslosen, in der die Normalität selbstverständlich abläuft, in

der Morgen auch noch ein Tag ist, Geburtstage gefeiert werden, Konzerte stattfinden, wo es immer wieder Weihnachten und Ostern wird, etwas Altes aufhört und was Neues anfängt, in einer solchen Welt mit dem Wissen der Endlichkeit unterwegs zu sein, das ist anstrengend und das macht auch einsam.
Darum hat sich Hans aber nicht etwa selber aus der Welt evakuiert. Er hat auf der einen Seite wie ein Löwe gekämpft mit allen zur Verfügung stehenden Mitteln und medizinischen Methoden. Aber er war gleichzeitig als Weggefährte und Zeitgenosse unter uns präsent, hat gearbeitet so lange es ging, hat gelebt, gefeiert, war Freund und liebevoller Vater, liebender und geliebter Mann.
Im Spagat zwischen Allmacht und Ohnmacht der Medizin war er eine kompetente Zumutung für alle, die ihm unrealistische Perspektiven anbieten wollten. Was Fachkompetenz und aktueller Wissensstand seines Krankheitsbildes betraf, war er unschlagbar weit vorgedrungen.
Und deshalb spürte er als erster, wie sein Körper ihm immer mehr zum fremden Haus wurde. Die tägliche Schadensbekämpfung geriet immer mehr zum Mehrfrontenkrieg. Alle Zeit und Kraft waren nötig, um sich fortwährend dem unersättlichen Zugriff der zerstörerischen Krankheit doch noch ein wenig zu entziehen.
Zwischendurch lasen wir Bücher, die uns empfohlen wurden, oder die wir selber gut fanden. So auch den kleinen Band von Eric Emmanuel Schmidt: „Oscar und die Dame in Rosa". Da wird der todkranke Oscar von der Oma Rosa in die Krankenhauskapelle geführt, weil sie ihm eines Tages vorschlägt, Gott zu besuchen. Und als sie die Tür öffnen, sieht der kleine Oscar das Kreuz und den Jesus wie der da hängt. Und er erschrickt und sagt resigniert:„Und der soll mir helfen? Dem geht's ja noch schlechter als mir selbst!"
Und dann fangen die Beiden an darüber zu sprechen, was es bedeuten könnte, dass Gott selber weiß, wie sich das

Leid und die Schmerzen anfühlen, was Angst und Sterben bedeutet. Und Oscar beschließt, ab sofort diesem Gott am Kreuz zu vertrauen, weil er sagt: „Dem muss ich nichts erklären! Der weiß Bescheid. Und wenn der sogar alles schon vor mir durchgemacht und überlebt hat, dann gibt es Hoffnung auf ein Leben bei Gott!"
„Das Einzige was mich wirklich trösten könnte wäre, wenn wir uns wiedersehen!" hat Hans gesagt. Und in diesem Vertrauen ist er gegangen. Nicht ohne zuvor alles mit seinen Herzensmenschen zu regeln und zu besprechen.
Bei einem unserer letzten Gespräche haben wir uns verabredet im Himmel. „Wir sehen uns!" hat er gesagt und mir die Hand entgegengestreckt. „Abgemacht!" hab ich geantwortet. Seit dem Abschied von Hans habe ich eine Verabredung auf der anderen Seite der Wirklichkeit. Und weil er schon dort ist, kann es da drüben so schlecht gar nicht sein.

Auf dem letzten Weg hin zum Grab habe ich ihm und uns gesagt:

Meine Last
die schwere
ablegen

Meine Angst
die unheimliche
verlieren

Meine Fragen
die unbeantworteten
loslassen

Meine Geschichte
die einmalige
bejahen

Meinen Glauben
den zweifelhaften
glauben

Meine Hoffnung
die vage
wagen

Meine Liebe
die brennende
behalten

Gott weiß es
bei IHM ist alles aufgehoben
ER ist nahe
„Menschenkind!“
sagt er
„Nimm dein leichtes Bett
und komm heim!“

Und bis wir uns wiedersehn
halte Gott dich fest
in seiner Hand!

Vom lebenslangen Anfangen

Für neue Anfänge sind wir nie zu alt. Im Gegenteil! Je älter wir werden, um so mehr sollen wir mit uns anfangen. Die Entwicklungspsychologen, also die Fachleute, die unseren Lebenszyklus erforschen, die behaupten ja, dass wir praktisch alle sieben Jahre wieder von vorne anfangen.

Unser Leben kennt ganz viele Abbrüche und Aufbrüche. Ganz viele Schwellen gilt es da zu überschreiten. Irgendwann sind wir kein Kind mehr, wissen aber vorerst noch überhaupt nicht, was wir dann sind, pubertieren uns wund, bis es heißt, wir seien jetzt erwachsen.

Dann versuchen wir, alles Mögliche und vor allem alles Unmögliche in den Griff zu bekommen. Sind überall gleichzeitig unterwegs, werden aus- und fortgebildet, eingebildet womöglich auch, bringen unser Leben irgendwie unter Dach und Fach, verpartnern uns waghalsig, bekommen Kinder und andere Sorgen … Und schon sind wieder sieben Jahre vorbei.

Mittendrin haben wir Grenzen und Brüche zu verkraften, machen mitunter Erfahrungen, die wir nicht gebraucht hätten, hören immer wieder den Satz: „Hauptsache gesund!“ Schön wärs …

Und dabei bleibt es auch nicht. Denn das Leben geht weiter mit uns. Mit Siebenmeilenstiefeln. Und wieder nehmen wir Abschied von Zielen und Träumen womöglich, von Menschen, die zu uns gehörten, von Aufgaben, die jetzt andere tun, von Ämtern und Verpflichtungen. Unruhestände aller Art kommen auf uns zu.

Und auch dann hören wir am besten nicht auf mit dem Anfangen. Damit wir nicht aus der Übung kommen. Denn es kommt dann die Zeit, in der es überhaupt keinen Sinn mehr macht, die unvernünftigen Dinge noch länger aufzuschieben. Wenn nicht jetzt, wann dann …

Ich meinerseits bin immer sehr vernünftig gewesen. Bisher. Seit ich jetzt älter werde, lässt das spürbar nach. Gott sei Dank! In letzter Zeit mache ich zunehmend unvernünftige Sachen. Endlich! Zum Beispiel habe ich mir einen alten Traktor gekauft. So alt wie ich ist er. Wir sind ein tolles Team!
„Wozu brauchst du denn einen Traktor?" hat mich die Familie gefragt. „Zum Traktorfahren!", habe ich gesagt. „Schließlich bin ich ein Bauernbub und schon von klein auf Traktor gefahren. Basta!"
Richtig Spaß habe ich jetzt, vor allem wenn die Enkelkinder kommen und wir zusammen spazieren fahren. Das haben wir auch vor Kurzem wieder gemacht. Meine älteste Enkeltochter ist schon sieben und total Traktor-fahr-ich-gern-mit-kompetent! Als wir starten, pflückt sie einen Löwenzahn und steckt ihn mir hinters Ohr. Dank der Brille hält das wunderbar – und wir rattern los.
Quer durch die Weinberge geht's, es ist herrlich und wir singen ganz laut. Plötzlich tippt sie mir auf die Schulter, zeigt auf meinen Kopf und ruft: „Opa, die Blume ist weg! Wir müssen sie suchen!" Also mache ich den Rückwärtsgang rein und wir fahren zurück.
Es ist gefühlt mindestens ein Kilometer, bis sie freudig ruft: „Da ist sie! Halt an!" Und tatsächlich, sie liegt mitten auf dem Weg und wartet nur darauf, gefunden zu werden. Ich steige ab, heb sie auf, bring sie zurück und lass mich wieder aufhübschen.
„Jetzt bist du wieder schön!" ruft mein Enkelkind. Und wir fahren zusammen heim. Triumphal. Glücklich. Heldenhaft.
Wir habens niemandem erzählt. So lange rückwärts fahren wegen einem verlorenen Löwenzahn, das behält man besser für sich. Aber es ist so herrlich unvernünftig. Und wir sind fest entschlossen, so bald wie möglich wieder etwas zusammen zu machen, was wir besser für uns behalten.

Unvernünftige Sachen machen Spaß. Und dazu muss man auch mal lange rückwärts fahren und sich eine Blume hinters Ohr stecken.

„Wenn ihr nicht werdet, wie ein Menschenkind, könnt ihr nicht in den Himmel kommen!“, hat Jesus wohl gesagt.

Üben wir also, himmelstauglich zu werden. Wohin das führt? Wir werden uns noch wundern …

Dank

Bei meiner MENSCHENKINDER-Spurensuche hat mich meine ganze Familie unterstützt. Besonders danke ich meinem Bruder Helmut für seine aufmerksame und präzise Begleitung. Das erste Echo auf meine Texte kam wie immer von meiner Frau Susanne. Ohne ihr Herz und ihr Ohr wäre das Buch nicht gewachsen.
Schließlich habe ich die professionelle Beratung und Unterstützung durch Dr. Martin Schuck genossen, der mit seinem Nachwort dieses gemeinsame Buchprojekt würdigt.
So danke ich neben ihm dem gesamten Verlagshaus Speyer für die erfahrene konstruktive Zusammenarbeit.

Nachwort

von Martin Schuck

Ludwig Burgdörfer und mich verbindet seit mehr als vier Jahren ein kleines Buch. Es stammt aus seiner Feder und trägt den entzückenden Titel „Bohnerwachs und Streuselkuchen“. Dieses Büchlein hat uns zusammengeführt, denn ich hatte das Vergnügen, ja sogar die Freude, es verlegerisch betreuen zu dürfen. Ich weiß noch, wie Ludwig mich irgendwann in der zweiten Hälfte des Jahres 2016 angerufen und gefragt hat, ob ich mir vorstellen könnte, so ein Buch mit kleinen Episoden aus seiner Jugend zu machen. Bald soll die dritte Auflage erscheinen, denn das Büchlein hat sich zu einem verlagsinternen Bestseller entwickelt.

Schon beim Lesen der kleinen biografischen Skizzen in „Bohnerwachs“ und auch jetzt wieder bei der Beschreibung von Personen aus unterschiedlichen Lebensphasen in „Menschenkinder“ ist mir aufgefallen, wie viel Ludwig und mich verbindet. Es ist ja nicht nur so, dass wir Pfarrer aus der gleichen Generation sind – uns trennen gerade mal fünf Jahre, die er älter ist –, nein, es ist der geografische und familiäre Background, der sehr viele Ähnlichkeiten aufweist. Beide sind wir im Donnersbergkreis aufgewachsen, er östlich, ich westlich des Berges; beide kommen wir aus landwirtschaftlich geprägten Familien, und beide haben wir in unserer Kindheit und frühen Jugend ähnliches erlebt. Verschiedene Episoden in „Bohnerwachs und Streuselkuchen“ haben mich regelrecht elektrisiert, denn ich habe so vieles wiedererkannt. Und auch im vorliegenden Büchlein werden Begegnungen mit Menschen beschrieben, die in mir Erinnerungen an meine eigenen Begegnungen wachrufen. Seien es die lieben, längst verstorbenen „alten Leute“, die Lehrer, die Professoren und

natürlich auch die Pfarrkollegen. Nur mein Doktorvater und der von Ludwig Burgdörfer unterscheiden sich grundlegend.
Jedenfalls habe ich in Ludwig Burgdörfer einen Autor entdeckt, der Kindheitserinnerungen aus mir hervorzaubern kann – Erinnerungen, die lange brach lagen und verloren zu gehen drohten. Durch ihn habe ich viele von ihnen wiedergefunden.
Wir hatten dann noch ein zweites Buch miteinander produziert, das „Kleine Frühstück für die Seele“. Ludwig wollte ursprünglich 99 Radioandachten mit jeweils einer zusätzlichen Bildseite darin unterbringen. Ich habe ihn abgeraten, weil das Buch viel zu dick werden würde. Wir einigten uns auf 66, und Ludwig hat mir die Verantwortung überlassen, welche rausfliegen sollen. Er hat sich hinterher nicht über meine Auswahl beklagt. Das rechne ich ihm hoch an.
Die Zusammenarbeit mit Ludwig Burgdörfer hat mich persönlich bereichert, weil er ein ungewöhnlicher Mensch ist mit ungewöhnlichen Ideen. Dem vorliegenden Büchlein wünsche ich, dass es viele Leserinnen und Leser findet, die den Sprachwitz, die Intelligenz und die Erzählkunst von Ludwig Burgdörfer schätzen und lieben lernen.